Paradigma

tome II

Paradigma

tome II

Damien Cutrone

© 2021 Damien Cutrone

Édition : BoD – Books on Demand,
12/14 rond-point des Champs-Élysées, 75008 Paris
Impression : BoD - Books on Demand,
Norderstedt, Allemagne

Couverture : Camille Vincent

ISBN : 978-2-3223-7733-6
Dépôt légal : Juillet 2021

AVANT-PROPOS

Avec le premier tome de *Paradigma*, je souhaitais proposer un livre très court. Il s'agissait en effet de présenter une vision pénétrante de la Vie, du monde et de notre rapport à lui de façon concise, sans encombrements.

Cependant, son contenu est relativement dense, en vertu d'une démarche holistique qui propose différents niveaux de perspective.

Ainsi *Paradigma* contient en germe de nombreuses possibilités ; et celui ou celle qui prendra le temps de le décortiquer réalisera que chaque page – voire chaque paragraphe – porte en elle d'importantes implications et offre de nombreuses ramifications et voies d'exploration possibles.

Paradigma - tome II emprunte donc certaines d'entre elles afin de prolonger le cheminement. Tout autant que le tome précédent, celui-ci est une invitation à une exploration et une compréhension pénétrante de notre nature, et il s'établit ainsi comme un complément au premier. Avec le même souci de produire un texte court, concis, qui vise l'essentiel.

Que cette lecture vous soit profitable...

J'adresse mes sincères remerciements

à Valérie

et à quelqu'un qui se reconnaîtra...

TEXTE

Que la vie est simple, profondément, et comme nous la compliquons !

J. Krishnamurti

INTRODUCTION

L'humanité traverse une période véritablement tumultueuse.

Nous avons construit et entretenons un monde sur la base de valeurs telles que l'individualisme, le pouvoir, la manipulation, l'avidité, la compétition, le contrôle, l'accumulation… L'aliénation et le conditionnement en sont tout autant la cause que la résultante.

Intérieurement nos vies sont marquées par le conflit, la souffrance, le mal-être, la peur, la malveillance, l'angoisse, le désordre... Et le monde extérieur s'en trouve plongé dans la division, les rapports de force, la violence, la discorde, le chaos, la destruction, l'horreur...

Nous nous comportons misérablement les uns envers les autres.

Nous ravageons notre Terre Mère.

Une transformation profonde est plus que souhaitable.

Voyez-vous ceci ? Le réalisez-vous véritablement ?

Si vous ne le voyez pas et si vous avez l'impression que l'état actuel du monde peut tout aussi bien rester ce qu'il est, vous pourriez reposer ce livre, et le reprendre éventuellement un jour prochain. Ou même jamais. Ou vous pourriez poursuivre la lecture, et peut-être vous ouvrir à de nouvelles perspectives.

Mais si vous voyez la nécessité d'une transformation, vous pensez peut-être que malheureusement il n'y a pas grand-chose que l'on puisse y faire et qu'il ne reste qu'à s'y accomoder ; ou peut-être vous souhaiteriez sincèrement voir advenir cette transformation, la cherchant à l'extérieur, mais en étant complètement désemparé(e) et sans savoir comment y contribuer.

Ou peut-être que vous êtes déjà un artisan de la transformation.

Dans tous les cas, si vous tenez encore ce livre entre vos mains, poursuivons ensemble.

La transformation doit être une transformation individuelle. Il ne peut qu'en être ainsi.

Car personne ne peut changer le monde.
Vous ne changerez pas le monde.
Vous ne pouvez que vous changer vous-même.
Mais ce faisant, le monde change.

Car il n'y a rien de tel que « moi » ou « vous » d'une part, et « l'humanité » d'autre part. Cette séparation n'existe pas.

Le sentez-vous ? Avez-vous profondément conscience de ceci ? Il ne s'agit pas de l'accepter intellectuellement mais de le réaliser pleinement, totalement.

La transformation ne peut provenir que de l'intérieur, et toute aide ou soutien extérieurs ne peuvent fournir qu'un élan, une direction.

Il est temps pour chacun de recouvrer sa responsabilité et sa souveraineté.

Il s'agit pour cela de cesser de s'en remettre à l'extérieur et à différentes Autorités établies, et ce dans une multitude d'aspects de nos vies. Il s'agit en revanche de se tourner vers l'intérieur et, dans le silence, de permettre l'émergence de cette Intelligence à laquelle on s'est rendu sourd et aveugle et qui pourtant a tant à nous montrer et à nous enseigner.

Tellement absorbés que nous sommes dans notre routine et dans le théâtre de nos vies quotidiennes, littéralement hypnotisés, nous ne voyons même pas la Beauté et l'Exubérance de la Vie, qui pourtant, omniprésentes, s'imposent à nous de toutes parts.

Nous devons nous affranchir d'une multitude d'idées et de schémas que l'on prend pour acquis mais qui ne le sont pas, et qui sont autant de « vérités » qui empêchent une vision juste du monde, une vision pure de ce qui *est*. Ainsi que l'a énoncé Mark Twain, « le danger, ce n'est pas ce qu'on ignore, c'est ce que l'on tient pour certain et qui ne l'est pas ».

Dans une première partie, nous explorerons notre conditionnement, afin de le comprendre et d'avoir ainsi la possibilité d'y mettre fin.
Dans la seconde partie, il me tient à cœur d'aborder un aspect particulier de notre vie et qui est à mon sens d'une importance cruciale : la santé. C'est en effet un domaine qui illustre de manière flagrante l'égarement de l'être

humain, mais aussi sa folie, dès lors qu'il prétend devoir ou pouvoir suppléer à l'Intelligence de la Nature par sa science.

Puisque l'esprit du plus grand nombre est encombré de préjugés, d'opinions, de croyances, de convictions, de savoirs… peut-être que certains rejetteront automatiquement telle ou telle chose qui sera dite ou seront susceptibles d'y réagir avec suffisance, condescendance, dédain...

Éventuellement, à la lecture de certains passages quelques-uns pourraient se sentir dérangés. Certains, blessés. Offensés. Choqués peut-être.

Il va sans dire que je n'ai aucunement l'intention de déranger, blesser, offenser, choquer qui que ce soit.

Ceci étant dit, je n'ai nullement l'intention non plus de vous dire ce que vous voulez entendre.

Quelle que soit votre ou vos réaction(s), cela vous appartient entièrement : c'est un bagage personnel dont vous seul porterez la charge.

Mais je sais aussi que certains verront un grand intérêt à ce qui sera dit et y seront très réceptifs.

Quoi qu'il en soit, je ne peux que vous suggérer de ne rien accepter ni de ne rien rejeter d'emblée. Car que vous acceptiez ou rejetiez d'emblée ce que vous lirez, la finalité est la même : vous ne feriez que renforcer une croyance préétablie. Mais croyances, opinions, préjugés, convictions, sont autant de prismes déformants qui empêchent la vision juste et pure de ce qui *est*.

Explorez, découvrez vous-même ; si quelqu'un peut vous présenter de la nourriture, personne ne peut manger à votre place.

Seul l'esprit libre, qui est l'esprit dégagé de l'altération, peut découvrir. Lui seul peut apprendre. L'altération étant la croyance, le préjugé, l'opinion, la conviction, la présupposition, etc.

Un esprit libre *est* un esprit transformé.

La crise spirituelle que traverse l'humanité requiert un éveil de la Conscience chez les êtres humains. En cela réside la transformation.

Soyons des artisans de la transformation.

L'ancien paradigme, obsolète, est en train de se disloquer alors que déjà nous pouvons voir poindre un nouveau paradigme.

I

Éliminer le conflit

« J'ai des fils, j'ai des biens », ainsi le fou se tracasse. En vérité, lui, lui-même, n'est pas à lui ; à qui les fils ? à qui les biens ?

le Bouddha

En cet instant-même, alors que vous lisez ces lignes, la Terre Mère tourne inexorablement sur elle-même tandis qu'elle poursuit sa course autour de l'astre solaire rayonnant, et qu'autour d'elle orbite la lune.

À sa surface, la danse des éléments s'exécute, réalisant les cycles naturels qui se succèdent, se superposent, s'interpénètrent...

Les créatures, animaux et végétaux, prospèrent ; mangent ou sont mangées.

Ainsi la grande symphonie de la vie se déploie harmonieusement et majestueusement sur la planète.

Et au sein de cette existence : l'être humain. Avec ses innombrables problèmes, ses contradictions, ses conflits et ses souffrances...

Aucun problème là-dehors, dans cette Nature originelle luxuriante ; mais l'être humain, lui a plein de problèmes, que ce soit à l'échelle individuelle ou à l'échelle collective, accablant du même coup une importante partie des autres êtres vivants. Et, tel un hamster gigotant dans sa roue, il gaspille inconsidérément son énergie en s'agitant inlassablement dans des considérations superficielles pour tenter de résoudre ses problèmes. Parce qu'il cherche à l'extérieur ce qu'il devrait chercher à l'intérieur.

Essentiellement, deux facultés très vives distinguent l'être humain du reste des êtres vivants de cette planète : sa mémoire et son imagination, qui ne sont évidemment pas séparables, parce qu'ensemble elles sont la pensée.

La pensée repose sur la mémoire et de la pensée procède l'imagination.

Donc l'être humain se distingue du reste du vivant principalement par sa faculté de pensée – ou l'intellect.

Et c'est précisément de sa pensée, et de son mental émotionnel, que proviennent toute sa souffrance et tous ses problèmes.

Attention : nous ne disons pas que la pensée est une mauvaise chose en elle-même. Là n'est pas la question. Il ne fait aucun doute que nous avons besoin de la pensée : pour construire des bâtiments, créer des objets, produire une science, pour aller d'un point A à un point B, pour parler, lire, écrire, pour cuisiner, etc. Son intellect a permis à l'être humain de développer d'incroyables capacités et d'accomplir de remarquables progrès techniques.

Et la mémoire est tout autant indispensable. La Création elle-même engendre d'énormes quantités de mémoire nécessaires à sa cohésion, à son déroulement, à la diversification de son expression, etc.

Par ailleurs, sans mémoire ne pourraient exister les innombrables cultures et traditions humaines dont la diversité et le foisonnement participent à la richesse et à la beauté de l'humanité et qui constituent un important héritage.

Tout ceci est évident. Mais ce n'est pas de ce dont nous parlons ici.

Le problème est que, de par la façon dont on utlise ces facultés merveilleuses, la mémoire et l'imagination ont fini par devenir des entraves pour l'être humain.

∞

Le mental est un outil fantastique. Il ne s'agit donc pas de ne pas s'en servir – ce qui est impossible –, mais de s'en servir de façon à ce qu'il nous soit favorable, qu'il nous soit profitable (qu'il ne nous nuise pas tout au moins) : il nous offre des capacités merveilleuses mais puisque l'on s'en sert à mauvais escient, actuellement il dessert les êtres humains plus qu'il ne les sert.

Supposez que vous acquériez un appareil d'une certaine complexité : ne devriez-vous pas en lire le mode d'emploi afin de l'exploiter au mieux de ses capacités ? De même, nous possédons en tant qu'êtres humains des outils extrêmement sophistiqués : notre corps et notre mental. Mais puisque l'on ignore presque tout de leur fonctionnement et de leurs mécanismes, l'on en souffre bien souvent.

C'est pourquoi il est essentiel d'en approfondir notre compréhension et d'apprendre à les utiliser de façon à ce qu'ils nous soutiennent, nous portent et nous élèvent.

Imaginez un bricoleur, qui, disposant d'une grosse caisse à outils, bien fournie, n'utiliserait néanmoins que son marteau. Pour chaque réparation, chaque intervention : seulement le marteau. Un clou à enfoncer ? Le marteau, évidemment. Une vis ? Le marteau, encore. Un appareil à démonter ? Marteau. Une ampoule à changer ? Marteau. Manifestement, celui-ci est un piètre bricoleur. À coup sûr, il provoquera des dégâts.

De façon similaire, le mental, utilisé à mauvais escient, engendre inévitablement le conflit, tant intérieurement qu'extérieurement. En ce qui concerne le processus de la pensée, le problème est qu'il se produit généralement de façon inconsciente et compulsive, qui plus est profusément. De fait, la pensée s'étend à des champs et des dimensions de nos vies où elle n'a pas lieu d'être. Elle investit la vie intérieure de l'individu, ses rapports et ses relations aux autres et au monde.

Par ailleurs, il y a un conditionnement très profond lié à la pensée. Un conditionnement tellement profond qu'on ne le voit même pas.

Or, ce conditionnement, pour être dépassé, doit être compris.

Car chercher une solution à un problème, c'est entretenir le problème. Comprendre le problème, c'est la fin du problème en tant que tel ; de même que le silence, une fois nommé, n'est plus.

La pensée est la réponse de la mémoire, de l'expérience, du savoir, du passé... Sans mémoire, pas de pensée.

Par nature, la pensée mesure, compare, dissèque, fragmente, catégorise... Mais le caractère fragmentant du processus de la pensée nous a conduit à fragmenter et morceler le monde et à croire qu'il l'était réellement ; nous nous créons une image du monde que nous prenons pour le monde lui-même.

Par exemple, nous compartimentons nos vies, de telle façon qu'il y a là notre travail, ici notre vie de famille, là encore l'éducation de nos enfants, et là notre santé, et puis nos relations sociales, etc. Ce sont autant de divisions et de barrières érigées par la pensée et qui constituent encore autant de limites à une vie véritablement harmonieuse. Bien sûr que pratiquement, ces différentes sphères de nos vies ne se rencontrent généralement pas (certaines d'entre elles en tout cas). Ce que nous disons ici, c'est que le jour où l'on vit un conflit dans l'une de ces sphères (sur le lieu de travail par exemple), on en établit la cause dans son cadre restreint (« c'est à cause de tel collègue»...) et si l'on tente d'en apporter une solution, ce sera dans les limites de ce cadre (changer de poste, par exemple, ou carrément changer de travail). Autrement dit, l'on cherche la solution à l'extérieur, ce qui constitue une fuite ou une répression puisque les conflits extérieurs ne sont que le reflet de conflits intérieurs. Or la fuite ou la répression face à une situation ou un événement n'apporte qu'une résolution illusoire, en ce sens qu'elle ne peut être que partielle et éphémère. Car une situation ou un événement ultérieur (cette fois-ci dans le cercle familial par exemple) présentant une configuration ou des paramètres similaires ou identiques engendrera invariablement les mêmes réactions compulsives, les mêmes pensées, les mêmes émotions, les mêmes conflits...

Donc une vie véritablement harmonieuse n'est possible dès lors seulement que l'on voit, avec lucidité, le mouvement total et indivis dans lequel s'intègrent ces différents aspects de nos vies que l'on avait séparés avant.

Pouvez-vous voir que ces divisions ne sont que des constructions mentales ?

Voyons un autre exemple.

Nous fragmentons généralement la vie d'une personne en différentes étapes : la petite enfance, l'enfance, l'adolescence, l'âge adulte, l'âge mûr, la vieillesse... Mais pouvez-vous voir que la vie d'une personne constitue en réalité un mouvement unique et sans interstices, et en évolution continuelle ?

Ces différentes étapes de la vie d'une personne établies par la pensée, par le mental, n'existent que par lui et n'ont aucune pertinence existentielle. Certes elles correspondent à certaines tendances et certains changements biologiques et physiologiques dont les effets sont observables sur la durée, mais l'on se fourvoie dès lors que l'on en fait des abstractions servant de refuges à seule fin d'abandonner notre responsabilité quand surgissent problèmes, conflits, désagréments : des difficultés avec votre nourrisson ? « que puis-je y faire ? c'est un bébé, et les bébés sont capricieux » ; des frictions avec votre enfant adolescent ? « rien à faire, c'est l'adolescence »... Autant de formules (la liste pourrait être allongée et élargie à bien d'autres aspects de nos vies) proférées automatiquement et grâce auxquelles on se garde bien de comprendre véritablement l'être humain qui nous fait face et, par surcroît, de découvrir ce qui, en nous-même, crée les conditions du conflit.

∞

La pensée a engendré les religions organisées, les philosophies, les idéologies, les nationalismes, etc., suscitant tout autant de divisions et d'antagonismes, et donc de conflits.

Cependant la société accorde une importance prééminente à la pensée – « je pense donc je suis ». Nous en voyons la manifestation la plus évidente dans le rationalisme exacerbé par lequel l'homme appréhende le monde. Et en ce qui concerne l'individu, la capacité à se former des opinions, à accumuler quantité de connaissances et de savoirs – et à les restituer –, est généralement considérée comme un signe de maturité et d'intelligence.

On parle de « liberté d'opinion », de « liberté de croyance ». Belles et réconfortantes illusions de liberté… Opinions, croyances… sont autant d'empêchements à une *vision juste et entière* de ce qui *est*. Et cette vue altérée et parcellaire de la réalité conditionne forcément l'état intérieur de l'individu, ses émotions, son expérience, son comportement, son attitude, son rapport au monde…

Nos sociétés font une grande affaire de la liberté. Mais comment des hommes qui ne sont pas libres intérieurement (et qui n'en ont même pas conscience) pourraient-ils construire un monde libre ?

Nous pouvons ainsi voir le remarquable niveau de complexité et de sophistication qu'a atteint l'organisation des rapports humains, avec ses systèmes, ses institutions, ses modèles... Les hommes sont devenus les objets de leurs créations. Et tant qu'il y en aura pour défendre un système ou un modèle, et d'autres pour défendre tel autre système ou tel autre modèle, les conflits persisteront.

Nous devons nous soustraire à la contrainte d'une servitude multiforme profondément ancrée qui astreint la façon dont nous menons nos vies, oriente et prédétermine la façon dont nous nous comportons avec les autres... Cette servitude est faite d'habitudes, d'usages, de manières, de convenances, de schémas comportementaux, d'idiosyncrasies... qui tous sont le résultat de l'influence que subit, depuis sa naissance, l'individu de ses parents (eux-mêmes conditionnés par cette servitude), de l'éducation, de la religion, de la culture, de l'environnement socio-culturel, et à un niveau moins évident, d'empreintes génétiques et autres formes d'engrammes* héritées des aïeux, etc.

Il ne s'agit pas de ne plus rien faire comme nous le faisons actuellement, mais de ne rien faire par automatisme, par habitude, « parce que c'est comme ça que ça se fait »... Car c'est là non seulement une démission complète de notre responsabilité et de notre souveraineté mais aussi un triste gaspillage du potentiel inhérent à notre nature humaine. En menant ainsi notre vie, de façon inconsciente et irresponsable, on permet aux circonstances et aux événements de modeler l'expérience de notre vie. Notre état intérieur s'en trouve ainsi ravalé à n'être qu'un épiphénomène et tour à tour on louera ou accusera les circonstances, les autres, le monde entier, pour nos bonheurs et nos malheurs, nos gaietés et nos peines, nos

---

*traces biologiques de la mémoire

satisfactions et nos contrariétés, nos réjouissements et nos anxiétés, nos joies et nos colères, etc.

Nous faisons de notre vie extérieure et de notre vie intérieure deux entités, et généralement la première conditionne la seconde.

Dès lors, c'est quand l'extérieur se déroule comme nous le voulons, quand l'extérieur est conforme à nos attentes, à nos espérances, à nos aspirations, que nous sommes relativement heureux – disons satisfaits.

∞

Pris en otage par son processus de pensée, l'être humain fait du bonheur un concept, et se perd alors en élucubrations pour élaborer des stratégies, des moyens et des recettes en vue de le trouver.

Mais ce ne sont là que des distractions, qui constituent un ajournement de *l'état de Bonheur*.

Le Bonheur n'est pas une variable. Ni une quête, ni une destination.

Le Bonheur est sans cause, ou n'est pas.

Le Bonheur appartient au présent. Existentiellement, il n'y a que *cet* instant, qui *est*, inéluctablement ; le passé n'a plus de réalité vivante et le futur n'existe que conceptuellement. *L'instant*, incessamment renouvelé, est tout ce que nous avons. Toute notre vie, ainsi que toutes ses potentialités, se trouve concentrée en ce point car c'est en ce point que le flux de la Création advient perpétuellement.

Maintenant.

Où, pourtant, vous n'êtes que rarement – jamais ? – de façon pleine et totale, extirpé de là par un mental en roue libre qui vous catapulte dans le passé ou dans l'avenir, vous assaillant de souvenirs et de projections. Voyez comme l'enfant qui joue est *présent*, de tout son être ; à cet instant-là, rien ne compte que son jeu, il n'y a que cela qui importe.

Existentiellement, ce qui relève du passé n'a aucune pertinence.

Pourtant, vous vous créez une image de vous-même, basée sur des souvenirs, des informations, des impressions et des projections accumulées – nom, âge, nationalité, profession, appartenance religieuse, possessions, accomplissements, aspirations, etc. Vous vous identifiez à toutes ces choses ; et si cette somme d'informations a une certaine pertinence sociale, elle n'en a aucune *existentiellement* et elle ne révèle pas votre essence, votre nature profonde – pourtant elle détermine essentiellement l'expérience de votre vie. C'est pourquoi nous appellerons cette image « l'usurpateur », auquel votre pensée est assujettie, que ce soit pour le protéger, le préserver, l'augmenter, l'embellir… Car, pour l'individu, la continuité de l'usurpateur est *sa propre continuité*.

De la même façon, vous vous créez une image de l'autre. Supposez par exemple que X vous a insulté(e) par le passé. Si vous rencontrez de nouveau X aujourd'hui, vous voyez « X qui m'a insulté(e) il y a tant » et dès lors vos pensées, votre attitude, votre comportement, sont conditionnés par cette information. Cela signifie que vous interagissez avec *l'image de l'autre* que vous avez produite – qui n'a donc aucune réalité vivante. L'autre ayant de même produit son image de vous, il ne peut y avoir de contact réel. Il ne peut y avoir de relation véritable. Ainsi, la plupart du temps les relations et les rapports entre les gens se réduisent à la rencontre des usurpateurs. Pour ainsi dire, la pensée préside à vos relations, et c'est la raison pour laquelle elles sont sources de conflit. De ce fait, quand deux personnes se trouvent dans une situation conflictuelle, elles se partagent forcément la responsabilité du conflit. C'est-à-dire que chacune d'elles en a créé pour elle-même les conditions.

Pour qu'il y ait relation véritable, contact réel, comment est l'autre *en cet instant* est tout ce qui importe.

Mais dès lors que, par la pensée, nous appréhendons *l'instant* – ou l'actuel – dans les termes du passé, le conflit est inévitable. Du reste, précisons qu'appréhender l'instant *dans les termes du passé*, c'est se référer aussi bien à des *souvenirs* qu'à des *projections*, car celles-ci procèdent de ce qui est connu, par comparaison, et ce qui est connu relève nécessairement du passé.

Face au fait, face à ce qui *est* – l'actuel –, le bavardage mental nous déconnecte du mouvement de la Vie. En effet, l'on produit une image de la réalité que l'on prend pour la réalité elle-même. L'image formée, constituée de nos interprétations, jugements, opinions, préjugés, et teintée de nos préférences, espoirs et craintes, goûts et aversions, se superpose à la réalité et l'altère, la déforme. La réalité psychologique a ainsi pris le pas sur la réalité existentielle. L'usurpateur s'est imposé.

∞

Inconcevable est l'impact qu'ont chacune de nos pensées, chacune de nos paroles, et chacun de nos actes, aussi infimes soient-ils, sur la vie de ceux qui nous entourent et, par voie de conséquence, sur la vie de tous, dans un tissu de relations d'une incommensurable et insondable complexité.

À tout moment nous exerçons une influence (à différents niveaux) sur ceux avec qui nous interagissons. Ainsi chaque personne est d'une immense importance dans la vie de ceux avec qui elle interagit, et, par extension, d'une immense importance dans la création collective du monde.

Toute la question étant : *êtes-vous un créateur conscient ?*

Une pensée générée, un sentiment éprouvé, des paroles prononcées, une action réalisée, sont de l'énergie que nous émettons et qui contribue, par résonance, à la création de notre réalité, car l'énergie ne se crée ni ne se détruit, mais se transforme. Pour le dire autrement, une cause engendre un effet. Et la nature de la cause détermine la nature de l'effet, qui à son tour devient la cause d'un nouvel effet, et ainsi de suite. De même que la graine contient l'arbre, la cause contient l'effet.

En somme, on reçoit ce que l'on émet. Ainsi suffit-il que l'on s'engage, que l'on s'implique dans un mouvement, pour qu'un mouvement proportionnel et réciproque soit engendré qui soutient notre engagement ; et les deux mouvements s'entretiennent et se nourrissent l'un l'autre.

Donc chaque instant de notre vie est une occasion de manifester l'expression la plus élevée possible de la Vie en nous.

Chaque instant.

Car là seulement, *en cet instant*, pouvons-nous en créer les causes.

Projeter le bonheur c'est ajourner l'état de Bonheur.

Projeter la paix c'est ajourner l'état de Paix.

∞

Voir ce qui *est*. Voir les choses telles qu'elles sont.

Sans la pensée pour les qualifier.

Dans leur réalité nue.

Cette vision, c'est la réalisation de l'insignifiance et de la vanité de toutes vos images – croyances, opinions, jugements, préjugés, usurpateur – face au Cosmos.
Cette vision, juste, profonde et équanime, signe précisément l'affranchissement de l'usurpateur et la fin des images en tant qu'identités, et donc l'élimination du conflit intérieur.
Cette *vision juste* n'est pas une capacité, à *acquérir*, parce qu'elle appartient au présent – or ce qui est *acquis* procède du passé.

Nous évoluons alors dans l'inconnu de *l'instant*, incessamment renouvelé, et nous sommes alors une *présence*.
Rendus à ce point, les possibilités sont démultipliées.
Rendus à ce point, notre état intérieur – et par conséquent notre expérience et tout ce que nous entreprenons – est d'une toute autre

Qualité : celle de l'Amour, de la Paix, de la Joie, de la Liberté…

En outre, la pensée elle-même s'en trouve transformée, car cette Qualité lui confère une toute autre portée.

L'on s'accorde alors avec le mouvement de la Vie. Car nous sommes la Vie aspirant à elle-même.

Et cet état engendre sa propre action : l'action juste, qui est l'action appropriée.

∞

La *vision juste*, qui est attention pure et totale, met fin à l'usurpateur. Autrement dit, elle met fin à sa continuité, qui signifiait auparavant la continuité propre de l'individu – bien que celui-ci n'eût pas conscience de cela.

L'usurpateur aboli, on est disposé à comprendre et dépasser une autre fin.

La fin.

La fin dernière, celle de la continuité de notre existence ici-bas. Le terme tant redouté, objet de la peur-racine.

Il y a cette très belle formule de Confucius : « Vous ne comprenez pas encore la vie, comment voudriez-vous comprendre la mort ? »

Tout ce que l'on croit savoir de la vie, a été établi par la pensée, qui en a fait une représentation, une image ; image qui engendre inévitablement son image contraire, la mort.

La *vision juste* met un terme aux images et n'en crée aucune.
Dès lors, que reste-t-il ?

La Vie.
Juste la Vie.

Il n'est de fin qui ne soit un commencement…

II

La « maladie »

ou

la négation de l'Intelligence

La médecine en cela ne constitue qu'un cas particulier d'un problème beaucoup plus général d'éducation et de civilisation. Une culture scientifique dans son principe repose pour l'essentiel sur des vérités statistiques et sur des connaissances abstraites ; elle nous transmet, par conséquent, une conception des choses rationnelle et en marge du réel concret, *au sein de laquelle le cas individuel est ravalé au rang fictif de phénomène marginal.* Or c'est l'individu qui, en tant que donnée irrationnelle, est le véritable porteur de la réalité. C'est dire que c'est l'individu qui est l'homme concret, par opposition à l'homme normal ou à l'homme idéal qui, lui, est une abstraction, cette abstraction étant la seule base des formulations scientifiques.

C.G. Jung

NOTE PRÉLIMINAIRE

La partie qui suit n'est ni une démonstration ni une argumentation.

Il s'agit de proposer un regard. Un regard qui soit à la fois le plus vaste et le plus étendu, et le plus pénétrant possible. Un regard intégral. Un regard qui doit permettre une conception holistique de la vie et de la santé et dont cette partie ne fait que dessiner une *ébauche*.

D'aucuns pourraient arguer à la lecture de ces lignes que je ne suis ni médecin, ni scientifique.

Je ne le prétends pas.

Je rejette d'ailleurs toute épithète.

Je suis simplement un être humain, dévoué à explorer les profondeurs et les cimes de la Vie, Phénomène Suprême.

La médecine n'est pas l'apanage du médecin.

La médecine, étymologiquement, est « l'art de guérir ». « Guérir », c'est « garantir », « protéger ». La médecine doit donc s'entendre comme *l'art de garantir l'état de santé*. En tant que telle, et avant que l'on en fasse une discipline, l'Intelligence du Vivant en a la préséance ; or nul ne peut posséder, contenir, s'arroger cette Intelligence. Mais parce que Celle-ci vibre en chaque être, *garantir l'état de santé* relève *en premier lieu et inaliénablement* de la responsabilité et de la charge de chaque individu souverain pour lui-même ; elle est, en définitive, l'affaire de chacun.

De plus, si le propos de cette partie implique une sérieuse remise en cause de la doxa* médicale, il ne remet pas en cause *a priori*

---

*ensemble des axiomes non discutés

l'honnêteté et la sincérité de tous ceux dont la profession relève du domaine médical.

Enfin, bien que, comme indiqué ci-dessus, cette partie ne soit pas une démonstration, des notes l'accompagnent, afin de préciser et(ou) d'illustrer certains points, certaines notions, en rapportant généralement des extraits (parfois un peu longs, faisant office d'annexes) issus de quelques références proposées à celui ou celle qui souhaiterait approfondir.

Pour ne pas alourdir la lecture, ces notes sont renvoyées à la suite du texte principal, qui se suffit à lui-même.

∞

Une Intelligence vibre en vous.

Omniprésente et omnipénétrante, Elle régit le fonctionnement du cosmos. Voyez par exemple la précision et la perfection géométriques qui règlent le mouvement de cette planète, en sorte qu'y puissent s'accomplir les circonstances optimales pour que la vie se développe, dans une expression d'une sophistication et d'un gigantisme insondables.

Cette Intelligence, primordiale et immanente, vibre en chaque être vivant, des plus petits unicellulaires aux êtres les plus complexes.

C'est par Elle que *tout organisme*, par nature, œuvre *constamment, sans interruption*, à son propre équilibre, à sa propre harmonie, et tend pour ainsi dire au niveau de cohérence et d'organisation le plus élevé possible. *Toujours.* Parce que c'est là sa vocation principielle – le feu fait-il autre chose que dégager de la chaleur ?

L'Intelligence du Vivant est parfaite. Elle est d'une virtuosité suprême. En aucun cas, jamais, elle ne dysfonctionne.

Ceci, je ne peux pas vous le prouver.
C'est impossible.
Il s'agit d'une compréhension non discursive, qui ne procède pas d'un raisonnement logique, mais émergée de profondeurs insondables et à laquelle on ne peut accéder qu'au-dedans.
Un dévoilement. *Une vision.*
Vision non pas par les yeux du corps, qui est limitée, mais une vision avec tout notre être.
Ceci, donc, on le *voit*, ou on ne le voit *pas*.

C'est pourquoi c'est une chose que chacun doit découvrir initialement pour lui-même, par lui-même, en lui-même ; sans quoi l'adhésion à toute idée, toute opinion, toute « preuve » extérieure, ne serait qu'une croyance de plus.

Une exploration sans fin débute par cette compréhension fondamentale et dans laquelle celle-ci tient lieu de boussole. Il s'agit de sonder les modalités de manifestation de cette Intelligence ; il s'agit d'en examiner les mécanismes à l'œuvre dans son expression circonstanciée. Quête de Connaissance, qui est la nature originelle de la Science[1], et qui, elle, est sujette à l'erreur.

Mais l'esprit conditionné, qui est l'esprit altéré, ne peut véritablement apprendre, et accéder à une compréhension pleine et entière. Car un tel esprit n'est pas apte à exercer un regard intégral[2].

Il ne peut que chercher la confirmation de préconçus et présuppositions. En somme, il ne peut que renforcer ce qu'il croit savoir. Il ne se rend disponible seulement à ce que son entendement est disposé à recevoir – des dogmes, de ce fait, s'établissent et se perpétuent.

Ainsi, l'esprit qui se dit « cartésien », « rationnel », ne croit que ce qu'il voit. Mais pour *voir*, il faut savoir regarder, il faut savoir observer. *De façon totale.*

∞

Nous utilisons des termes automatiquement, et nous n'allons pas au-delà des termes pour découvrir la réalité qu'ils représentent. Ainsi le terme « maladie », fortement connoté, véhicule un ensemble de préjugés et d'impressions dont la plupart des gens se satisfont sans observer la réalité du phénomène et, donc, sans le comprendre véritablement.

Qu'entendons-nous généralement par « maladie » ?

Quand on parle de « maladie », on suppose que notre organisme peut dysfonctionner, plus précisément qu'il peut, spontanément ou sous l'influence de facteurs externes, cesser de *tendre* vers l'état de santé.

Concevoir que la Nature, que le Vivant, puisse dysfonctionner, c'est supposer que l'on pourra remédier artificiellement à ce dysfonctionnement lorsqu'il apparaît, en traitant le symptôme, c'est-à-dire en cherchant à le faire disparaître. Or, c'est laisser sa cause persister, qui inévitablement engendrera de nouveaux effets.

Et c'est empêcher justement une compréhension profonde des *causes* du « dysfonctionnement », qui seule peut permettre de réduire ses occurences ou, au moins, ses manifestations les plus délétères.

Entretenir une telle conception de la « maladie », ou simplement l'accepter comme une explication satisfaisante, manifeste une méconnaissance du Vivant et de son Intelligence.

La « maladie » telle que comprise généralement, est la négation de l'Intelligence.

Chaque cellule de votre corps est programmée pour la santé. Sérieusement, pour quelle raison celui-ci se mettrait-il soudain à fonctionner contre vous pour vous conduire à votre perte ?

L'on invoquera ici le hasard, la fatalité ; le malade ne serait que la victime innocente et impuissante de cette maladie qui s'abat aveuglément sur lui.

Mais « *le hasard n'est que la mesure de notre ignorance* » (Henri Poincaré).

La « maladie », en tant qu'entité existant en soi et en opposition avec la santé et avec la vie, n'est qu'une construction intellectuelle.

Il n'y a *que la Vie*.

La « maladie », c'est la Vie à l'œuvre, dans toute la force et la beauté de son Intelligence.

La « maladie », c'est cette Intelligence qui s'exprime. Plutôt que s'efforcer de réprimer cette expression, ne serait-il pas plus sage de la comprendre ?

Que ceci soit clair : il est bien évident qu'il ne s'agit pas de nier la réalité du phénomène « maladie », autrement dit sa symptomatologie (symptômes et signes), ni de le souhaiter. Il s'agit en revanche d'*y exercer un regard intégral* afin d'en comprendre le sens et les mécanismes*.

Quand la « maladie » a lieu, le corps s'exprime. Dans un langage qui, pour le plus grand nombre, est inintelligible. Mais si quelqu'un s'adressait à vous dans une langue étrangère tellement éloignée de votre langue que vous n'y compreniez rien du tout, devez-vous en conclure que ce que cette personne a dit n'a aucun sens ?

---

*d'où l'utilisation de guillemets autour du terme « maladie ». Il s'agit par là, donc, non pas de nier la réalité du phénomène, mais de signifier notre éloignement de la conception communément admise de ce terme.

∞

Voyez comment la médecine conventionnelle est morcelée en spécialités : cardiologie, neurologie, pneumologie, immunologie, néphrologie, gastro-entérologie, dermatologie, endocrinologie, cancérologie, allergologie, et ainsi de suite. Manifestement, cette médecine conventionnelle nie l'évidence selon laquelle toute partie de l'organisme – organe, tissu, glande… –, *toute* partie de l'organisme n'existe que par rapport à toutes les autres dans cette entité une et indivisible qu'est l'organisme.

Ainsi, l'examen médical se résume pour l'essentiel à l'observation exclusive de l'organe ou de la zone impliqué(e) dans la symptomatologie, considérés comme de simples rouages dans une machine. Analyses, mesures, prélèvements, sont effectués, puis effectués de nouveau si les premiers n'ont rien signalé d'« anormal ».

Mais en considérant l'organisme uniquement dans sa dimension physique[3], la médecine conventionnelle, matérialiste et organiciste, se prive d'une compréhension profonde et véritable des causes de la « maladie » et de ses mécanismes[4].

Profitons-en, ici, pour préciser une chose : les progrès effectués dans le domaine chirurgical sont remarquables et présentent un grand intérêt et constituent un grand bénéfice pour des cas d'urgence. Néanmoins, soulignons qu'un organisme est un édifice tellement complexe, tellement sophistiqué, tellement délicat, d'une ingéniosité si subtile... que l'acte chirurgical ne devrait préférablement pas être un acte aussi banal qu'il l'est de nos jours.

Un système vivant, quel qu'il soit, du microcosme au macrocosme, ne se réduit pas à la somme de ses parties, mais la transcende. Car de l'interaction et de l'interdépendance de ses parties émergent de nouvelles capacités que seules elles ne peuvent exprimer, et de nouveaux modes de fonctionnement que seules elles ne peuvent opérer.

Le développement et la croissance de l'embryon (l'embryogenèse, qui constitue l'objet d'étude de l'embryologie) en est une illustration flagrante. En effet, au cours de ce processus, les différenciations successives des cellules en différents tissus et en différents organes jusqu'à leur différenciation terminale ne s'opère qu'en relation avec les cellules, tissus, et organes immédiatement voisins[5]. Au cours du processus, un tissu acquiert de façon autonome une compétence (de par les produits synthétisés par ses cellules), mais ce n'est que sous l'action d'un tissu voisin que cette compétence deviendra son identité. Identité qui peut être transitoire, jusqu'à une nouvelle différenciation.

Du reste, le démarrage de l'embryogenèse, la délimitation des ébauches au début de celle-ci (segmentation), la mise en place du plan d'organisation, des structures et des organes s'opèrent avec une extrême précision et une extrême synchronisation des événements qui *ne doivent strictement rien* à un quelconque « programme génétique »[6].

L'idée d'un « programme génétique », néanmoins, est prégnante en biologie et en médecine, bien qu'erronée, du fait d'un subtil amalgame entre « programme génétique » et « code génétique ».

Le code génétique dicte l'ordre d'enchaînement des acides aminés dans la fabrication des protéines – macromolécules qui forment des structures (anatomie), accomplissent les fonctions complexes de la physiologie, etc. Et c'est le métabolisme, c'est-à-dire la fabrication et la production par l'organisme de ses matières premières (protéines) et de son énergie, qui donne sa raison d'être à l'information génétique. En somme, le code génétique est indispensable au renouvellement par l'organisme de ses molécules, qui sont éphémères.

L'utilisation du code génétique et l'expression cellulaire, en revanche, sont entièrement tributaires des signaux et de l'influence de l'environnement de la cellule[7][8].

En outre, l'embryologie est d'une grande pertinence pour nous éclairer sur les mécanismes et les modalités de l'évolution du vivant.

Elle nous apprend que l'évolution a procédé en poussant toujours plus loin la division du travail dans les organismes, par la complication – et donc l'allongement – de l'ontogenèse*. *Et non par le jeu de mutations survenant au hasard*, conservées ou abandonnées sous l'action de la « sélection naturelle » privilégiant les individus « les plus aptes à la survie » et éliminant « les moins aptes » (dans un même écosystème peuvent notamment se côtoyer des espèces issues de différents échelons du règne animal). Une telle conception se heurte en fin de compte à d'insolubles contradictions[9].

---

*développement de l'organisme – animal ou végétal – de la cellule-œuf à l'adulte

Rendus à ce stade, vous vous demandez peut-être, pourquoi ce détour par la question de l'évolution ?

Encore quelques lignes, et vous comprendrez pourquoi.

∞

L'évolution, donc, a procédé par la complication toujours plus importante de l'ontogenèse. Phénomène qui ne doit absolument rien au hasard, mais révèle au contraire un véritable plan d'ensemble[10]. Quant à la variation génétique, qui n'a rien de fortuit puisque soumise à l'information que lui communique la cellule, elle a pour sa part entraîné la diversification des lignées évolutives.

Il apparaît notamment que l'ontogenèse récapitule la phylogenèse*. Cela signifie qu'au cours de l'ontogenèse, des structures

---
*histoire évolutive des espèces

caractéristiques des formes ancestrales réapparaissent momentanément dans l'embryon[11]. Autrement dit, le développement de l'embryon récapitule l'histoire de sa lignée évolutive, en ressemblant de manière successive aux embryons (non aux formes adultes) des espèces qui l'ont précédé dans cette lignée. Par exemple, l'embryon humain ressemble successivement, *dans leur forme embryonnaire*, aux algues, oursins, étoiles de mer, larves, poissons, amphibiens, jusqu'à se différencier spécifiquement en mammifère et, enfin, en humain[12].

Ce sont de véritables progrès sociaux qu'ont accompli les populations de cellules, progrès rendus possible – ainsi que leur perpétuation au fil des générations – par l'entretien d'importantes mémoires cellulaires individuelles et collectives.

Ce détour sommaire par la question de l'évolution était requis pour souligner deux points capitaux inextricablement liés.

D'une part, *le hasard n'y est pour rien dans le processus de l'évolution.*

D'autre part, *l'évolution a généré et perpétué des quantités gigantesques de mémoires.*

Parmi cette somme de mémoires, certaines nous intéressent ici en particulier. On les désigne communément par l'appellation… *maladies organiques.*

∞

Le fait que la médecine conventionnelle ne considère que la dimension physique de l'individu constitue probablement sa limite la plus importante.

Or l'être humain est un être multi-dimensionnel.

Le psychisme et le corps physique constituent une seule et même entité.

Ne vous est-il jamais arrivé de saliver en pensant à votre plat préféré ou à un quelconque plat alléchant ? Pourtant, à ce moment-là, ce plat n'existait pas concrètement mais seulement dans votre imagination ; cependant votre organisme a réagi *comme si* le plat était réel. Parce que votre cerveau ne fait pas la différence entre ce qui est réel et ce qui est imaginé.

Ainsi, lorsqu'un conflit surgit au niveau psychique, il restera circonscrit à la sphère psychologique s'il reste compatible avec un fonctionnement physiologique propre à l'état de santé. Dans ce cas et éventuellement, le conflit n'occasionnera que de légères perturbations fonctionnelles et temporaires.

En revanche, si le conflit s'intensifie et dépasse un certain seuil (qui est propre à chaque individu), ou si un conflit a lieu de manière brutale et inattendue, il se manifeste également et nécessairement à un niveau physique[13], proportionnellement à son intensité et à sa durée : c'est la maladie organique[14].

Avant de poursuivre, précisons – nous le développerons quelque peu ensuite – ce que cela signifie de dire que les maladies sont des mémoires de l'évolution.

Cela signifie que *la maladie est un programme biologique enregistré. Elle est déclenchée à dessein par l'organisme et sous l'entière autorité de celui-ci*, plus précisément du cerveau.

Ce qui amène la question : pourquoi le cerveau déclenche-t-il la maladie ?

Nous avons dit précédemment que le psychisme et le corps physique constituent une seule et même entité. Pour les besoins de notre développement, nous subdiviserons le corps avec d'une part le cerveau, d'autre part, le reste de l'organisme[15].

Lorsque l'individu éprouve un conflit brutal et inattendu, le choc impacte immédiatement et simultanément l'organisme aux trois niveaux psychique, cérébral et organique, qui évolueront dès lors en parfaite synchronisation.

La localisation au cerveau et dans le corps dépend, elle, de la teneur et des nuances du conflit, *entièrement subjectives.*

Nous avons indiqué plus haut que lors de conflits occasionnant un stress modéré, c'est l'harmonie globale de l'organisme qui est perturbée. Lorsque le stress occasionné par le conflit dépasse un certain seuil (qui est variable d'un individu à l'autre), l'altération physiologique est localisée sur un organe précis (en fonction, donc, de la teneur du conflit), sous le contrôle du relais spécifique à cet organe au cerveau, afin de libérer l'économie générale de l'organisme et de favoriser la résolution du conflit[16].

En somme, la maladie apparaît comme un programme naturel engrammé dans le cerveau, et dont la finalité est d'exalter temporairement une fonction précise de l'organisme afin de favoriser l'adaptation et(ou) la survie de l'individu[17].

Voyons un exemple.

Dans la nature, supposons qu'un animal se retrouve soudainement face à un prédateur. À ce moment précis, il se trouve en situation de vulnérabilité extrême, et éprouve une peur panique de mourir. Le choc, vécu au niveau psychique, s'exprime *immédiatement et simultanément* au niveau cérébral et au niveau organique. Dans ce cas précis de peur panique de mourir, l'impact dans le cerveau se situe au tronc cérébral, au relais qui contrôle les alvéoles pulmonaires. Il se produit alors une prolifération des cellules alvéolaires, dont le *sens biologique* est d'exalter la fonction des poumons, afin de fournir à l'organisme le maximum d'oxygène possible pour la fuite ou l'affrontement. Ici, le conflit sera vite résolu (si l'animal en ressort vivant) : une fois qu'il a fui ou affronté le prédateur, et est sorti d'affaire, la prolifération des cellules alvéolaires n'étant plus nécessaire, celle-ci est interrompue, et la masse qui avait été produite n'étant plus utile, est éliminée.

Néanmoins, un point important est que l'animal ne peut vivre des conflits que dans la réalité, de façon concrète. L'être humain, doué de la faculté de pensée, peut vivre les mêmes conflits de façon imaginaire ou symbolique. Rappelons que pour le cerveau, il n'y a pas de différence entre ce qui est réel et ce qui est imaginaire.

Ainsi, pour faire l'analogie avec l'exemple précédent, supposons par exemple qu'un patient s'entende dire, suite à un diagnostic médical, qu'il ne lui reste que quelques mois à vivre. Si le patient éprouve à ce moment-là une peur panique de mourir, son organisme produira une prolifération de ses cellules alvéolaires, car, bien qu'il ne soit pas concrètement, *à ce moment précis*, en danger de mort, son cerveau ne fait pas la différence et réagit comme s'il l'était.

Et, puisque, *par sa faculté de pensée*, le patient peut *entretenir le conflit sur la durée*, la prolifération des cellules alvéolaires est susceptible de se poursuivre. Si elle est détectée par la suite, l'on parlera de cancer du poumon.

Ici, il est utile de mentionner les travaux du Docteur R.G. Hamer. Ce dernier a bâti un système médical basé sur l'énoncé de « Cinq lois biologiques »[18]. Soulignons que si ces lois sont des lois *biologiques*, c'est parce que ce sont des lois *naturelles*, valables pour l'ensemble du règne vivant[19]. Par ailleurs, les travaux et les recherches du Dr Hamer sont solidement ancrés dans l'embryologie évolutive et l'éthologie* animale.

Comme toutes les mémoires engendrées au cours de l'évolution, les programmes que sont les maladies sont apparus à des stades de l'évolution spécifiques où ils ont constitué une nécessité pour l'organisme vivant de s'adapter et(ou) de survivre à une problématique occasionnant un conflit biologique[20] (il est évident, par exemple, qu'une bactérie ne peut pas être sujette à un conflit sexuel).

---

*branche de la biologie qui étudie le comportement animal ou humain

Un point important est que, de par la complexité de son esprit, l'être humain est susceptible de vivre des conflits d'intensités variables, *que ce soit dans la réalité ou de manière virtuelle et symbolique*, et présentant une gamme infinie de nuances et colorations.

Néanmoins, *c'est toujours la composante archaïque, biologique, du conflit, qui détermine le programme exprimé*[21] – la maladie –, autrement dit la localisation de l'altération au cerveau et dans le corps. En d'autres termes, la Nature n'a pas prévu, par exemple, de programme biologique pour un « conflit au travail ». Mais selon le ressenti subjectif de l'individu, un conflit au travail peut très bien constituer un *conflit de territoire*, pour lequel la nature a, pour le coup, prévu des réponses. Du reste, le domicile, la ville, le pays, le lieu de travail, l'école, la voiture, etc., peuvent constituer autant de « territoires » selon les individus.

Depuis le fond des âges, des hommes ont eu la prescience d'une connexion étroite entre la vie psychique de l'être humain et ses affections physiques.

Nombreux sont ceux – docteurs, médecins… – qui ont pu, plus récemment et à la faveur de moyens d'observation et d'investigation toujours plus performants, observer chez leurs patients des relations entre certains ressentis et certaines émotions et des organes ou des parties de l'organisme[22]. Ils ont ainsi pu établir des correspondances, qui parfois, peuvent laisser perplexe le profane.

Or un intérêt majeur, sur ce point, du système rigoureusement établi par le Dr Hamer[23] est que pour toute maladie, il énonce et explicite son *sens biologique* ainsi que ses mécanismes ; autrement dit *le bénéfice temporaire, biologiquement parlant, apporté par l'altération provoquée dans l'organisme.*

∞

Dans le monde de la forme, toute chose contient en elle-même son opposé.

Principe du yin et du yang.

Ainsi la maladie, comme programme archaïque de *survie*, devient délétère si elle dure trop longtemps et(ou) dépasse un certain seuil d'intensité.

La maladie est un programme biologique *exceptionnel*. Biologiquement, donc, *elle n'est pas censée durer*, auquel cas l'effet inverse de celui qui est prévu (adaptation et(ou) survie) en résulte : des complications peuvent apparaître et, possiblement, la mort de l'individu.

Avant d'en venir à un nouveau point crucial, développons brièvement les modalités de manifestation de la maladie, selon les Cinq lois biologiques énoncées par le Dr Hamer.

L'embryon humain se développe à partir de trois feuillets embryonnaires qui se mettent en place dans les premiers stades de l'embryogenèse. On appelle ces trois feuillets : endoderme, mésoderme et ectoderme. Ils correspondent à différents stades de l'évolution des espèces.

De ces trois feuillets embryonnaires vont dériver l'ensemble des tissus et organes qui constituent l'organisme. Grosso modo, l'endoderme engendre le tube digestif et correspond aux tissus vitaux ; le mésoderme engendre les os, les muscles, les vaisseaux lymphatiques et les vaisseaux sanguins ; l'ectoderme engendre le système nerveux et les organes sensoriels. Ceci dit, de nombreux organes sont formés de tissus d'origines embryologiques différentes. De plus, précisons que tous les organes dérivant d'un même feuillet embryonnaire sont histologiquement* similaires, et sont contrôlés par une même partie du cerveau.

Après cette description rudimentaire, le point essentiel est le suivant. Au cours d'un programme biologique exceptionnel, les tissus et organes de l'organisme se comporteront

---

*d'un point de vue histologique, c'est-à-dire en regard de leur structure tissulaire différemment selon le feuillet embryonnaire dont ils proviennent (ou dont leur *partie* impliquée dans le programme provient)[24].

Lorsqu'un programme biologique exceptionnel est engagé, les tissus et organes de l'organisme pourront réagir de deux façons (selon, donc, leur origine embryologique).

Soit par une *prolifération cellulaire* : il y aura fabrication de masse cellulaire, proportionnellement à la masse du conflit déclencheur. Le *sens biologique* de cette prolifération cellulaire est d'*exalter la fonction du tissu ou de l'organe* en question afin de favoriser la résolution du conflit.

Soit, à l'inverse, par une *perte cellulaire* : il y aura nécrose, ulcération, proportionnellement à la masse du conflit. Le *sens biologique* de cette perte cellulaire est spécifique au tissu ou à l'organe considéré.

Indiquons cependant que certains organes réagissent au conflit non pas par une prolifération ou une perte cellulaire, mais par une perte fonctionnelle (corps vitré des yeux, rétine, nerfs olfactifs, oreille interne, cellules alpha et bêta des îlots pancréatiques) ou un hyperfonctionnement (périoste et thalamus).

De plus, le Dr Hamer énonce qu'un programme biologique exceptionnel *mené à terme* se déroule en deux phases. Nous venons de décrire la première : *prolifération cellulaire* ou *perte cellulaire* (perte fonctionnelle ou hyperfonctionnement dans certains cas), selon le tissu ou l'organe considéré[25].

Qu'entend-on par un programme biologique exceptionnel *mené à terme* ?

Un programme biologique exceptionnel est mené à terme lorsque deux conditions sont réunies. La première : le conflit est *résolu*. La seconde : il n'y a *pas de récidive* du conflit avant la fin du programme.

La résolution du conflit marque la fin de la première phase et le début de la seconde phase.

Là où il y a eu prolifération cellulaire, celle-ci cesse et il y a *réduction et élimination* de la masse qui a été générée en première phase.

Là où il y a eu perte cellulaire, celle-ci est interrompue et il y a *reconstruction et restauration* par prolifération cellulaire pour rétablir la masse qui a été éliminée en première phase[26] (là où il y a eu perte fonctionnelle ou hyperfonctionnement, il y a rétablissement de la fonction physiologique normale).

Souvent, la première phase passe quasiment inaperçue (à moins qu'un contrôle médical soit effectué), et c'est lors de la seconde phase que se présentent les symptômes les plus incommodants : fièvre, toux, inflammation, fatigue, douleur, sueurs nocturnes, œdème[27]... qui sont donc le *signe que l'organisme est en voie de guérison.*

Pourtant, l'on cherchera généralement à réprimer et faire disparaître les symptômes de cette phase, à coups d'anti-inflammatoires, anti-douleurs, antibiotiques, antipyrétiques, etc. Une véritable « anti-manie », un acharnement qui va à l'encontre de l'action intelligente de l'organisme, à l'encontre, en définitive, de la vie.

Cela ne signifie pas, néanmoins, qu'il ne faille pas, dans certains cas, surveiller de près ces symptômes. Mais si une action thérapeutique est engagée, elle devra *soutenir* l'action de l'organisme, et non l'empêcher[28].

Par ailleurs, la « loi biphasique » des maladies énoncée par le Dr Hamer permet de rapprocher et de coupler certaines maladies que l'on prend pour des affections isolées. Elles s'intègrent alors dans un seul et même programme biologique exceptionnel dont elles constituent deux phases successives[29].

Nous arrivons ici à un nouveau point crucial. Nous avons dit qu'au cours de la seconde phase du programme biologique exceptionnel, il y avait soit *réduction et élimination* de masse cellulaire (devenue inutile), soit *reconstruction et restauration* de tissus nécrosés.

Or, ces opérations sont accomplies principalement par... des *micro-organismes* (ou avec leur concours).

∞

La médecine conventionnelle « officielle » repose en grande partie sur la théorie de Louis Pasteur. Essentiellement, elle se résume aux quatre dogmes suivants : la panspermie atmosphérique, l'asepsie des organismes vivants, le monomorphisme bactérien, et la contagion.

La panspermie atmosphérique signifie que tous les germes (micro-organismes) proviennent initialement de l'air ambiant, c'est-à-dire qu'ils n'existent ordinairement que dans celui-ci.

L'asepsie des organismes signifie qu'un organisme vivant est ordinairement stérile, dénué de germes.

Le monomorphisme bactérien signifie que les familles de bactéries sont fixes et strictement distinctes les unes des autres.

La contagion signifie que ce sont les germes de l'air qui, en pénétrant dans l'organisme

« stérile » de l'individu, sont la cause des maladies.

En somme, selon Pasteur, les micro-organismes sont nos ennemis et ne sont là que pour nous attaquer et nous tuer ; l'on doit donc s'en protéger et les éliminer lorsque l'on est malade.

Or la réalité contredit ces quatre dogmes, qui sont à l'image d'une pensée duelle et manichéenne déconnectée, justement, de la réalité.

Nous ne nous livrerons pas ici, cependant, à une démonstration complète de ceci (ce n'est pas le sujet), produite par d'autres avec sérieux et rigueur, dès l'époque de Pasteur, notamment par Antoine Béchamp[30]. Néanmoins la suite de notre propos apportera quelques éléments explicatifs.

Notons toutefois d'emblée que les bactéries ayant été les premiers organismes vivants sur Terre, nous voyons mal comment expliquer que des organismes complexes, tel que l'être humain, ont pu ne serait-ce qu'émerger si ces bactéries ont pour unique raison d'être de les attaquer et de les tuer.

Par surcroît, il est admis aujourd'hui que notre organisme héberge ordinairement des centaines de milliards de micro-organismes (quatre à dix fois plus nombreux que nos cellules propres) avec lesquels il évolue symbiotiquement.

Et si vous vous demandez comment le dogme pasteurien, bien qu'erroné, a pu s'imposer si fermement et perdurer cent cinquante ans (au détriment, notamment, des travaux de Béchamp), il faut considérer le contexte historique, politique, social et économique de la seconde moitié du XIXème siècle qui a grandement permis et favorisé l'élévation en icône de Pasteur. Il faut également prendre en considération la *personne* qu'était Pasteur, mais aussi Béchamp[31].

Mais revenons-en à notre propos.

Nous avons dit qu'au cours de la première phase d'un programme biologique exceptionnel, il pouvait y avoir *prolifération cellulaire* ou *perte cellulaire* selon l'origine embryologique du tissu ou de l'organe considéré (et donc, selon la partie du cerveau qui le contrôle). Si le conflit initial est résolu, une seconde phase débute. La prolifération cellulaire cesse et la masse qui a été générée est *réduite et éliminée* ; ou bien la perte cellulaire est interrompue et la masse qui a été éliminée est *reconstruite et restaurée*.

La réduction et l'élimination qui a lieu dans le premier cas, et la reconstruction et restauration qui a lieu dans le second cas, sont principalement assurées (ou assistées) par les micro-organismes – bactéries, champignons, virus. Cependant, si ceux-ci ne sont pas disponibles au moment où leur intervention est requise (du fait, par exemple, d'un terrain affaibli, ou d'une consommation excessive d'antibiotiques), il pourra y avoir enkystement de la masse cellulaire qui ne peut être réduite et éliminée.

Qui plus est, les micro-organismes, selon leur nature, opèrent dans des tissus d'origine embryologique spécifique[32].

Soulignons que dans tous les cas, *les micro-organismes opèrent sous l'entière autorité de l'organisme*, à l'intérieur duquel ils peuvent eux-mêmes s'adapter et évoluer (endogenèse) en de nouvelles formes (polymorphisme) par transmission de matériel génétique entre eux – sous forme, par exemple, de virus[33].

Par ailleurs, notre organisme possède deux immenses interfaces avec le milieu extérieur : la peau et l'intestin. Ce dernier est la plus importante d'entre elles de par la taille. Dans l'intestin grêle s'y trouvent les plaques de Peyer, constituées de macrophages et lymphocytes, qui accueillent les micro-organismes exogènes[*] et déterminent lesquels

---

[*]qui proviennent de l'extérieur

doivent entrer dans l'organisme et lesquels ne le doivent pas[34].

En ce qui concerne les virus, ceux-ci sont constitués d'acide nucléique à l'intérieur d'une enveloppe protéique (capside). Ainsi, un virus ne peut être considéré comme un être vivant (contrairement aux bactéries et aux champignons). On ne peut pas, par conséquent, lui prêter une *intention*, et dire qu'un virus est méchant et nous rend malade. *Un virus est un paquet d'information*. La forme extracellulaire, en quelque sorte, d'un gène. Ce que l'on appelle une « infection virale » apparaît donc comme un *processus d'adaptation et d'évolution permis par l'organisme*, et durant lequel il *intègre* l'information apportée par le virus[35]. Processus qui, certes, peut occasionner des complications et potentiellement la mort s'il requiert de l'organisme une dépense en énergie trop importante (chez l'individu qui, en définitive, ne vibre pas ou plus en harmonie avec la trame universelle dont nous sommes tous partie intégrante).

En tout état de cause, l'activité des microbes au sein de l'organisme est entièrement contrôlée par lui. Et ce que l'on appelle improprement une « infection » est le signe d'un travail – plus ou moins intense – de nettoyage, de réparation, de restauration, d'adaptation, d'évolution...

L'on conçoit généralement le système immunitaire comme un système de *défense*, constitué d'une armée de gentils soldats luttant et protégeant l'organisme contre les méchants microbes « pathogènes ».

En définitive, il apparaît plutôt comme un *système cognitif* extrêmement complexe et sophistiqué. Mais on ne peut espérer qu'il exerce sa fonction de manière optimale si l'on bafoue l'Intelligence du Vivant, *en ne voyant pas*, primordialement, que cette Intelligence vibre en nous ; et, incidemment, par certaines pratiques médicales intempestives, et plus largement un mode de vie « anti-naturel » et délétère.

Constatons d'ailleurs que l'être humain « civilisé », en se rendant sourd et aveugle à cette Intelligence de Vie, s'est par là même rendu inapte à réaliser de manière appropriée un acte naturel des plus élémentaires, que n'importe quel autre animal effectue, pour le coup, le plus naturellement : *manger*.

La plupart des gens confient aveuglément leur alimentation à l'industrie, et ingèrent quotidiennement des produits morts dont ils ne se préoccupent pas de savoir ce qu'ils contiennent. L'homme « civilisé » ne sait pas manger[36]. Mais plutôt que de manger conformément à ce que Mère Nature a prévu pour lui et à ce que son organisme demande, l'homme « civilisé » a inventé les « régimes » pour compenser les effets délétères de son alimentation.

Au fond, le fait même de parler de «régime», c'est présupposer qu'il y a d'une part un mode d'alimentation courant, qui serait potentiellement inadapté et délétère mais immuable ; d'autre part le régime à proprement parler, qui la plupart du temps représentera une contrainte plus ou moins importante pour celui qui l'adopte, et dont on espère qu'il apportera certaines améliorations de bien-être et de santé.

Pourquoi faire cette distinction ?

Pour celui dont l'alimentation répond parfaitement à ses besoins et est parfaitement adaptée à *son* organisme, à *son* terrain – et qui ne peut être figée –, le concept même de « régime » n'existe pas – a-t-on déjà entendu parler d'un animal, dans la nature, faisant un régime ?

En définitive, le « régime » n'est qu'une construction intellectuelle d'une société cherchant à compenser un mode d'alimentation inadapté et délétère mais qu'elle ne veut pas changer.

Société dans laquelle la plupart des gens ne *mangent* pas, mais s'alimentent seulement.

∞

La maladie, comme programme biologique exceptionnel, *prévu par la Nature*, ne s'oppose donc pas à la Vie, mais constitue une de ses voies d'expression. En tant que telle, elle révèle à l'individu la teneur d'un conflit intérieur que lui seul, en fin de compte, peut résoudre.

Néanmoins, il ne s'agit bien évidemment pas de dénigrer la médecine conventionnelle *dans son ensemble*. Malgré ses importantes limites, elle reste à même de fournir une aide précieuse et salutaire pour beaucoup.

Il s'agit en revanche de souligner l'importance d'une révision sérieuse de ses dogmes afin de créer une nouvelle médecine, une médecine unifiée. En effet, il est assez révélateur de constater que les approches médicales qui ne relèvent pas de la médecine conventionnelle « officielle » sont qualifiées d'«alternatives» ou «complémentaires». Ainsi l'on accorde d'emblée la prééminence à la médecine conventionnelle (considérée, pour ainsi dire, comme la médecine de référence) et, d'une certaine manière, l'on considère les médecines dites « alternatives » comme éventuellement envisageables, en second recours ou bien comme simples compléments.

∞

Nous rappelons que cette partie II a pour vocation de proposer un *regard*.

Au commencement, une *vision*.
Un *dévoilement*.

L'Intelligence du Vivant est parfaite. Elle est d'une virtuosité suprême. En aucun cas, jamais, elle ne dysfonctionne.

Il s'agit dès lors d'explorer les arcanes de son expression afin d'en élargir notre connaissance.
Mais aucun système, aucun modèle, aucun concept, aucune théorie, ne peut contenir cette Intelligence.
Tous sont donc appelés à être complétés, modifiés, corrigés. Sans cesse.

NOTES

1

Bien que la nature originelle de la Science soit la quête de Connaissance, elle est aujourd'hui bien plus largement au service d'une application technique des découvertes et des connaissances, dans une logique généralement de productivité et de rentabilité. Et ce, au détriment d'une recherche désintéressée *juste pour savoir, juste pour comprendre.*

2

« Saisir la totalité, c'est naturellement aussi le but de la science. Mais ce but ne peut être que très lointain, la science procédant partout où elle le peut de manière expérimentale, et dans tous les cas par la méthode statistique. Or l'expérimentation consiste à poser des problèmes en termes précis éliminant dans toute la mesure du possible les éléments extérieurs au problème posé et qui en perturbent l'examen. Elle énonce des conditions, les impose à la nature et l'oblige ainsi à répondre en fonction de la question formulée par l'homme. Cette démarche empêche la nature de répondre à partir de la plénitude de ses possibilités, puisque celles-ci sont limitées autant que faire se peut. À cet effet l'on crée en laboratoire une situation limitée par artifice à la question posée, et qui contraint la nature à donner une réponse aussi univoque que possible. Ainsi l'on exclut totalement l'exercice par la nature du pouvoir souverain qu'elle possède dans sa totalité illimitée. Si nous voulons apprendre à connaître ce pouvoir, il nous faut donc questionner la nature en lui posant le minimum de conditions, voire en ne lui en posant pas du tout, et lui laisser ainsi la liberté de répondre en fonction de sa plénitude. » C.G.Jung, *Synchronicité et Paracelsica*, 1952, éditions Albin Michel, 1988, p.53

3

Considérer uniquement la dimension physique de l'organisme, c'est ignorer, comme indiqué précédemment, l'Intelligence qui l'anime. Intelligence que le Docteur Jean Elmiger nomme « énergie vitale », et dont il propose comme définition (parmi d'autres à différents stades de son ouvrage) : « L'énergie vitale est un système énergétique supérieur qui déplace dans l'espace visible et dans le temps mesurable un système énergétique inférieur : le continuum espace-temps.»

Et d'ajouter, quelques lignes plus loin :

« Nos savants eux-mêmes, héritiers de la science rationaliste matérialiste, sont bien trop occupés depuis un demi-siècle à explorer le seul continuum spatio-temporel, vrai visage de la matière. Et les médecins, qui sont gens pratiques plutôt que scientifiques, en sont encore à explorer l'espace et le temps qu'ils ont devant leur nez, qu'ils peuvent mesurer. Vous pensez bien que toute la communauté scientifique, engluée dans l'exploration des réalités inférieures, ne va pas de surcroît s'encombrer de réalités supérieures ! » Dr J.Elmiger, *La médecine retrouvée*, édition à compte d'auteur, 1989 (deuxième édition – revue et corrigée – du texte de 1984, additionnée d'un épilogue), p.57

4

Dans son volumineux ouvrage *Et si les maladies étaient des mémoires de l'évolution ?* (éditions Néosanté, 2015), le Docteur Robert Guinée écrit dans son introduction :

« La démarche de la médecine officielle privilégie ce qui est tangible, avec une importance prééminente conférée aux facteurs externes à l'individu, plus précisément à ce qui est quantifiable, par le recours aux moyens technologiques d'investigation, aux modèles d'expériences, aux statistiques et, plus récemment, elle invoque de manière toujours plus fréquente l'origine génétique de nos maladies. Elle s'efforce de les décrire au mieux et d'en faire disparaître les symptômes avec une fortune variable et sans nécessairement pouvoir expliquer pourquoi l'évolution des maladies peut diverger très sensiblement par rapport à une évaluation initiale rigoureusement superposable de l'état de santé respectif de tous les patients considérés dans des statistiques cliniques, évaluation basée pourtant sur des critères scientifiques standardisés et, en principe, adoptés internationalement. Un certain nombre de maladies sont aujourd'hui considérées comme "psychosomatiques", c'est-à-dire d'origine psychique, ce qui inclut ipso facto que les autres ont une origine presque exclusivement voire exclusivement organique, et relèvent donc d'une médecine scientifique organiciste (et plus récemment génétique), qui s'en trouve dès lors considérablement renforcée. » (p.15)

5

« Dans l'organisme pluricellulaire, l'environnement des cellules est composé par d'autres cellules. Toutes sont tributaires les unes des autres non seulement pour survivre mais aussi pour accomplir les tâches qui leur incombent respectivement. Sans les mémoires individuelles, cette communication serait aussi stérile qu'un bavardage mondain où une banalité chasse l'autre. Inversement, sans cette communication permanente, les cellules oublieraient l'héritage de leur lignée (…) Qu'on prélève des cellules chez un tissu de l'embryon et qu'on les désagrège, elles cessent immédiatement de progresser (…) Les complications structurales observées au cours d'une ontogenèse représentent un véritable **progrès social** rendu possible par la communication qui enrichit les mémoires individuelles des cellules et entretient la mémoire collective des populations de cellules. Dans ces conditions, prétendre qu'il y a un programme génétique du développement contenu dans chaque cellule – et dont chaque cellule n'exploiterait qu'une infime partie pour savoir quel rôle elle doit jouer dans l'ensemble – est parfaitement illogique. » Rosine Chandebois, *Pour en finir avec le darwinisme*, 1993, éditions L'Harmattan, 2011, p.61

6

« L'ovule fécondable est une cellule tombée en léthargie : plus de synthèses, plus d'échanges respiratoires avec l'extérieur. Il renferme, déjà fine prête à fonctionner, toute la machinerie moléculaire indispensable au démarrage du développement. Cette machinerie ne saurait être réduite à quelques "déterminants" amorçant une dérépression séquentielle des gènes comme on l'a imaginé : c'est l'ovule dans sa globalité. Car si cette cellule, avec le même équipement génétique que n'importe quelle autre cellule de l'organisme qui l'a produite, possède la faculté d'engendrer un organisme plutôt que d'entretenir une fonction tissulaire quelconque, c'est, comme nous l'avons déjà démontré, parce que son cytoplasme a acquis une certaine composition en molécules, enclaves, organites, aussi et surtout une certaine anisotropie. Le spermatozoïde a pour rôle de relancer la croissance et la créativité de l'ovule. **À cet acte**

capital pour la perpétuation de la vie, les gènes ne participent pas. En effet, l'apport des chromosomes paternels par le spermatozoïde au moment de la fécondation n'a pas de conséquences immédiates ; il n'est pas même indispensable pour la construction de l'embryon. L'ADN spermatique (...) est seulement réactivé lorsque la segmentation est déjà avancée. » *ibid.*, pp.200-201

7

L'influence de l'environnement sur l'activité des gènes et l'expression cellulaire constitue l'objet d'étude de l'épigénétique. Voir par exemple les travaux du biologiste américain Bruce H. Lipton, notamment ses ouvrages *Biologie des croyances* (2005, éditions Ariane, 2016 [édition 10ème anniversaire revue et augmentée]) et *Évolution spontanée*, co-écrit avec Steve Bhaerman (éditions J'ai lu, 2016).

Dans *Biologie des croyances*, Bruce Lipton explique notamment que la membrane cellulaire tient lieu de cerveau de la cellule. En effet, « le contact entre les signaux environnementaux et les protéines cytoplasmiques qui génèrent le comportement s'effectue dans la membrane cellulaire, laquelle reçoit les stimuli, puis enclenche la réaction cellulaire vitale appropriée. » (p.147) Or un signal environnemental peut être aussi bien de nature physique que de nature vibratoire. « Les "antennes" des récepteurs peuvent également lire des champs d'énergie vibratoire, entre autres celle de la lumière, des sons et des fréquences radio. Les antennes de ces récepteurs d'"énergie" vibrent comme des diapasons. Si une vibration d'énergie dans l'environnement entre en résonance avec l'antenne d'un récepteur, elle modifiera la charge de la protéine ; ainsi, le récepteur changera de forme (…) Comme les récepteurs peuvent lire les champs d'énergie, la notion que seules les molécules physiques peuvent avoir des effets sur la physiologie d'une cellule est devenue désuète. » (p.78)

8

« Le paradoxe », indique Rosine Chandebois, « c'est que la génétique moderne nous l'ait appris et que les généticiens raisonnent comme s'ils ne l'avaient pas compris. » *op.cit.*, p.199

9

Dans son ouvrage *Pour en finir avec le darwinisme*, déjà cité, R.Chandebois écrit que le darwinisme – considéré comme **la** théorie de l'évolution – « s'est contenté de **déifier une Inintelligence**, le hasard, celui qui a fait cailleboter la soupe chaude de molécules en cellules, qui a retouché son œuvre involontaire sans jamais savoir ce qu'il faisait – le même hasard qui chez nous met le gros lot dans la poche d'un joueur ou qui précipite le marteau d'un toit en réfection sur la tête d'un passant (…) Pour mieux voir l'invraisemblance, il faut remonter le cours de l'évolution. Chacune des formes actuelles a pour ascendance une lignée évolutive dans laquelle les générations se sont enchaînées les unes aux autres sans interruption – ni rétrogradation – depuis la première cellule. Autrement dit, pendant des millions d'années, cette lignée aurait réussi à progresser sans qu'aucune de ces mutations non viables, qui ont toutes les chances de se produire, ne soit venue en trancher le fil. Toutes les improbabilités astronomiques se sont concentrées sur elle, en nombres astronomiques pour une espèce des plus évoluées. Et ce même raisonnement doit s'appliquer aux millions d'espèces qui ont la chance inouïe de peupler actuellement notre planète (...) aucun darwiniste ne raisonnerait dans la vie courante comme il le fait au sujet de l'évolution. Que son voisin empoche le gros lot à tous les coups, il n'ira pas faire taire ceux qui jasent en évaluant la probabilité d'un succès aussi louche. Qu'il manque de recevoir un marteau tombé d'un toit en réfection chaque fois qu'il sort de chez lui, il y a gros à parier qu'il ne tardera pas à aller porter plainte contre X pour tentative d'assassinat. » (pp.18-19)

Plus loin, elle explique :

« ... s'il existe des interactions aussi effroyablement complexes entre la multitude des unités de transcription de l'ADN, une mutation survenant au hasard n'aurait virtuellement aucune chance de produire un gène fonctionnellement intégrable au génome. En effet, il faudrait alors que chaque gène ait un petit fief bien à lui où il règnerait en maître absolu. Selon qu'il serait intrinsèquement bon ou mauvais, il serait conservé ou éliminé par la sélection naturelle. On sait que la réalité est infiniment plus complexe. Dans le cytoplasme d'une cellule, les produits de gènes combinent leurs activités à chacune des multiples étapes de toutes les synthèses. **L'expression phénotypique de l'un des gènes peut être augmentée, transformée, diminuée** ou annihilée par celle des autres.** Il ne suffit pas que la séquence de nucléotides d'un gène muté ait un certain "sens biologique" pour conférer quelque avantage à l'individu ; encore faut-il que ses produits soient intégrables d'une certaine manière dans les machineries cytoplasmiques. **C'est donc le contexte génomique qui le rend bénéfique ou invalidant.** Si à cela il faut encore ajouter que le gène muté doit s'intégrer dans le travail de tous les systèmes régulateurs du génome, il n'y a manifestement plus aucune place pour des modifications au hasard. » (pp.62-63)

10

Rosine Chandebois parle d'un « automatisme évolutif », ou « flux évolutif », qu'elle nomme « évolution directionnelle ». L'évolution directionnelle consiste, donc, en « la complication progressive des organismes grâce à une division du travail métabolique toujours poussée plus loin, en rapport avec l'achèvement toujours plus tardif de l'ontogenèse. » (p.89)

De plus :

« **L'individualisation des nouveaux tissus au cours de l'évolution fut nécessairement, comme chez**

l'embryon, une succession d'événements brutaux, pour la simple raison qu'un tissu est ou n'est pas. Il est impossible d'échapper à l'idée que l'apparition de chaque tissu au cours de l'évolution s'est faite en une seule génération. Par surcroît, le phénomène n'eut rien d'inopiné. En effet pour qu'un tissu *a* engendre un tissu A plus spécialisé, il lui faut subir une induction, c'est-à-dire l'influence d'un tissu voisin étranger B. Les deux tissus en présence doivent avoir respectivement acquis les propriétés requises soit : pour le tissu *a*, la compétence nécessaire pour engendrer A, pour le tissu B, un état de différenciation tel qu'il devient capable d'induire *a* et, éventuellement, de venir se placer à son contact (tout ceci, bien entendu, avant que *a* ait perdu sa compétence). **Or l'acquisition de ces propriétés est l'aboutissement d'un travail commencé dans les ascendances respectives de a et de B, dès le début de la segmentation de l'œuf** : celui des progressions autonomes qui se sont enchaînées les unes aux autres grâce à des inductions successives, chacune avec les mêmes exigences que pour l'émergence de A. En définitive, pour que cette dernière manœuvre réussisse, il est indispensable que les diverses progressions autonomes, respectivement impliquées dans la différenciation de *a* et B aient été rigoureusement synchronisées. Or la vitesse de la progression autonome dans les populations varie selon leur cohésion et cette cohésion, *in vivo*, est nécessairement maintenue grâce à la compression qu'exercent les populations les unes sur les autres ce qui est un prodige d'équilibre. En conséquence, l'apparition du tissu A au cours de l'évolution a été préparée au cours des étapes antérieures de l'évolution directionnelle. Elle ne fut pas seulement l'aboutissement de modifications des activités métaboliques dans deux lignées cellulaires séparées : **son succès fut aussi lié à la constitution globale acquise par les embryons de l'ascendance phylogénétique.** Force est de se rendre à l'évidence : au cours de l'histogenèse phylogénétique, les hasards n'ont eu aucune place. » (p.221)

Il me semble propice ici d'attirer l'attention sur cette phrase que R.Chandebois écrit, toujours dans le même ouvrage – qui, du reste, est d'une rigueur scientifique remarquable –, dans son « Épilogue en marge de la science » :

« On ne peut échapper à l'idée d'une intention dans la création : il faut admettre un plan qu'on ne saurait qualifier autrement que de "divin". » (p.249)

11

Que des structures caractéristiques des formes ancestrales réapparaissent dans un embryon, c'est un fait bien embarrassant si l'on s'en tient à l'hypothèse d'un « programme génétique » et de mutations survenant au hasard et filtrées par la sélection naturelle. En effet, comment expliquer alors que ces structures ancestrales réapparaissent momentanément si les gènes qui sont censés les contrôler ont disparu par suite des mutations ?

Par ailleurs, pour soutenir l'hypothèse des mutations survenant au hasard, l'on est contraint d'invoquer une instabilité du génome. Là encore, comment expliquer dans ce cas que des espèces actuelles soient restées identiques depuis des dizaines ou des centaines de millions d'années ? (R.Chandebois, dans son ouvrage précité, évoque les scorpions, qui sont restés identiques depuis l'ère primaire, qui s'étale environ de -540 à -250 millions d'années)

12

« L'embryon humain (...) se différencie des algues vers le 6e jour ; des oursins et des étoiles de mer vers le 12ᵉ jour, et des larves vers le 15ᵉ jour. Il restera semblable aux poissons et aux amphibiens jusqu'au 17ᵉ jour. Il ne prendra une forme spécifique de mammifère qu'entre le 19 et le 21ᵉ jour. « Ce n'est que progressivement qu'il se différenciera de l'aspect des mammifères supérieurs en perdant sa queue et prenant l'aspect définitif d'un être humain, c'est-à-dire vers 7 à 8 semaines. » Docteur Olivier Soulier, *Histoires de vies, messages du corps*, éditions Sens & Symboles, 2015, p.34

13

Dans son ouvrage précité (cf. note 4), le Dr R. Guinée écrit :
« Tant [que l'individu] peut "gérer" mentalement ses difficultés – par exemple en les anticipant ou en disposant d'assez de ressources acquises dans son histoire antérieure – il ne sera pas malade. Il vivra des émotions plus ou moins fortes et désagréables, mais qui se résoudront vite avec comme seules conséquences quelques perturbations fonctionnelles et temporaires. C'est par exemple une période d'insomnie par surcroît de préoccupations, un estomac noué après une dispute banale, un besoin fréquent d'uriner, des

transpirations ou des battements de cœur dans l'appréhension d'une rencontre etc... Rien que des "secousses" autour d'un centre de gravité qui reste stable mais qui entraînent déjà des répercussions via le système nerveux et donc "un langage du corps" » (pp.26-27)

14

« Ce passage dans la maladie a lieu quasi instantanément lors de chocs très graves. Le niveau critique de ce "seuil de mise à feu" peut aussi être atteint en cas d'intensité croissante du "vécu ressenti" stressant, lorsque la réponse s'avère à chaque fois inefficace » *ibid.*, pp.27-28

15

Dans son ouvrage *Fondement d'une médecine nouvelle* (édité par l'ASAC, 1988), le Docteur Ryke Geerd Hamer assimile le psychisme à un programmeur, le cerveau à son ordinateur et le corps à la machine sous le contrôle de l'ordinateur.

16

« Jugée hostile et maléfique, la maladie se révèle aujourd'hui à nous comme le signe d'une altération temporaire de notre organisme, d'une modification constamment synchronisée au triple plan psychique, cérébral et organique, triple facette d'un seul organisme. L'un ne va jamais sans l'autre, tous évoluent constamment à la même cadence, selon une simultanéité fantastique. » Dr R.G.Hamer, *op.cit.*, p.7

Dr R.Guinée : « Une fois le niveau de surstress atteint, le stress devient biologique (…) et est géré de manière inconsciente à un niveau archaïque et vital de son fonctionnement par notre cerveau. » *Et si les maladies étaient des mémoires de l'évolution ?*, p.27

17

Le Docteur R.Guinée précise, toujours dans le même ouvrage : « La traduction du stress émotionnel au niveau organique et/ou psychiatrique libère ainsi la presque totalité des circuits cérébraux pour l'urgence, à l'exception de ceux qui resteront plus spécifiquement concernés par le ressenti au moment du choc. Ceci permet de ramener l'économie du cerveau et de l'organisme dans les limites compatibles avec la survie qui doit être comprise comme étant un gain de temps pour résoudre le conflit. » (p.27) Plus loin, il souligne que « le cerveau est (...) un organe qui mémorise et gère à l'économie l'ensemble des processus vivants» et qu'il « est programmé pour assurer la survie de l'individu, instant après instant. » (pp.57-58)

18

Les « Cinq lois biologiques » énoncées par le Dr Hamer sont désignées comme suit :
- 1ère loi : « La Loi d'Airain du cancer »
- 2ème loi : « La Loi d'évolution biphasique »
- 3ème loi : « Le système ontogénétique des tumeurs et des équivalents cancéreux »
- 4ème loi : « Le système ontogénétique des microbes»
- 5ème loi : « La Quintessence »
Voir les ouvrages déjà cités *Fondement d'une médecine nouvelle* (1988) du Dr R.G.Hamer, *Et si les maladies étaient des mémoires de l'évolution ?* (2015) du Dr R.Guinée ; ainsi que les nombreux articles et documents disponibles sur le site www.learninggnm.com, rédigés par Caroline Markolin (Ph.D), collaboratrice et continuatrice des

travaux du Dr Hamer. (les articles et les documents proposés sur le site sont disponibles dans des traductions en français)

19

De ce fait, l'expérimentation sur les animaux contient en elle-même un biais majeur. En effet, ils sont placés dans des conditions telles et sont sujets à des manipulations telles que l'on crée des circonstances à même de provoquer chez eux des chocs conflictuels. Ainsi, leur organisme déclenchant naturellement un programme biologique exceptionnel approprié, toute mesure ou analyse effectuée aura de grandes chances d'être faussée. Du reste, quand l'homme comprendra que l'animal est son égal, l'expérimentation animale n'apparaîtra pas autrement que comme un acte abominable.

20

Dans son ouvrage précité, le Dr R.Guinée rapporte un extrait d'un entretien du Dr Hamer datant de 1992 : « Nous les appelons conflits biologiques du fait qu'ils s'expliquent d'un point de vue ontogénétique, se présentent et évoluent de manière analogue chez l'homme et chez l'animal. Ils n'ont rien à voir avec les problèmes et les conflits que nous avons d'habitude, avec les conflits de type psycho-intellectuel. Ce sont des conflits d'une qualité foncièrement différente, des cas de perturbations pour ainsi dire prévus par la nature de par les programmes archaïques de comportements engrammés dans notre cerveau. On s'imagine que l'on pense, mais en réalité le conflit a déjà éclaté en l'espace d'une seconde *par voie associative* avant même que nous ayons commencé à penser. » (p.38)

Un peu plus loin, toujours extrait du même entretien : « Tous nos conflits biologiques peuvent être classés ontogénétiquement. Nous savons quand ontogénétiquement, c'est-à-dire à quelle étape de l'évolution des espèces, les comportements spécifiques ont été développés et engrammés, de sorte qu'il n'y a pas seulement des corrélations entre organes et aires cérébrales, mais aussi avec les conflits qui y sont intimement liés ontogénétiquement. » (p.39)

21

Le Dr R.Guinée nomme cette correspondance « l'invariant biologique universel », qu'il définit comme étant « le rapport direct et constant entre le ressenti archaïque du patient ou de l'animal, et l'expression du programme biologique archaïque correspondant au niveau de l'organe, plus précisément du tissu qui l'exprime, soit ce que nous appelons "maladie". Une des questions primordiales à se poser pour comprendre et trouver ces invariants biologiques universels est de déterminer quel avantage momentané en termes de survie, le fonctionnement pathologique apporte par rapport au fonctionnement physiologique. Par ailleurs, pour une même pathologie, on peut observer que ce sont toujours les mêmes zones cérébrales qui sont impliquées, tant chez l'humain que chez l'animal. » *op.cit.*, p.94

22

Voir par exemple les travaux du Docteur Olivier Soulier et du neurologue Pierre-Jean Thomas-Lamotte.

23

Selon le Dr R.Guinée, les Cinq lois biologiques énoncées par le Dr Hamer « sont à la médecine, ce que le travail de Mendeleïev est à la chimie et à la physique. » *op.cit.*, p.19
(Dmitri Mendeleïev était un chimiste russe, principalement connu pour la publication, en 1869, de son travail sur la classification périodique des éléments)

24

Pour certaines raisons, le Dr Hamer subdivise le mésoderme en deux sous-groupes, qu'il nomme mésoderme ancien (ou « mésoderme cérébelleux ») et mésoderme nouveau (ou «mésoderme cérébral»). Ajoutons que les tissus dérivant du mésoderme ancien se comporteront au cours d'un programme biologique exceptionnel de la même façon que ceux dérivant de l'endoderme. Les tissus dérivant du mésoderme nouveau, de la même façon que ceux dérivant de l'ectoderme.

Les tissus et organes qui proviennent de l'endoderme et du mésoderme ancien sont contrôlés respectivement par le tronc cérébral et le cervelet. À eux deux, ceux-ci constituent ce que l'on peut appeler, afin de simplifier, le cerveau ancien.

Les tissus et organes qui proviennent du mésoderme nouveau et de l'ectoderme sont contrôlés respectivement par la substance blanche cérébrale et le cortex cérébral. À eux deux, ceux-ci constituent ce que l'on peut appeler le néocortex.

Ainsi, pour résumer, l'on peut dire qu'au cours d'un programme biologique exceptionnel, les tissus et organes de l'organisme se comporteront différemment selon qu'ils sont sous l'autorité du cerveau ancien ou du néocortex.

25

Ce sont les tissus et organes dérivés de l'endoderme et du mésoderme ancien (contrôlés par le cerveau ancien) qui réagissent au choc conflictuel par une prolifération cellulaire. Et ce sont les tissus et organes dérivés du mésoderme nouveau et de l'ectoderme (contrôlés par le néocortex) qui réagissent par une perte cellulaire.

26

Dans tous les cas, il se forme également au cerveau un œdème au relais qui contrôle le tissu ou organe impliqué. En effet, nous avons dit qu'il y a toujours évolution synchrone aux trois niveaux psychique, cérébral et organique. De ce fait, le relais cérébral considéré a également été impacté au moment du choc conflictuel et son fonctionnement altéré. Ainsi, une fois le conflit résolu, l'œdème protège le relais durant sa restauration (l'amplitude de l'œdème est d'autant plus importante que l'a été le choc initial, et peut donc occasionner des maux de tête, ou des complications plus importantes s'il devient trop gros). L'œdème finira par être expulsé, et un processus de cicatrisation aura lieu, avec la multiplication de cellules gliales (tissu cérébral conjonctif).

27

En mai 2005, lors du Congrès International des médecines complémentaires et alternatives dans le traitement des cancers (Madrid, Espagne), le Dr Hamer fit une présentation de sa « Nouvelle Médecine Germanique » (appellation qu'il a déposée). À propos de la « loi biphasique », il déclara :

« Cette loi naturelle, "chamboule" tout notre savoir acquis jusqu'ici, car toutes les maladies de toute la médecine se déroulent de manière biphasique. Autrefois, à cause de l'ignorance de ces relations, nous avons cru à l'existence de quelques centaines de maladies dites "froides", décrites dans nos manuels de médecines, ainsi que quelques centaines de maladies dites "chaudes". Les maladies froides étaient celles qui donnaient au patient la peau froide, les extrémités froides, dans un stress permanent, ils maigrissaient, ils s'endormaient le sommeil perturbé. Les maladies chaudes étaient celles, où le patient était chaud, les extrémités chaudes, souvent de la fièvre, bon appétit, ainsi qu'une grande fatigue. Dans le cas des maladies dites "froides", on ignorait la phase de guérison qui suivait, ou alors on ne les reconnaissait pas comme des maladies. « Les maladies dites "chaudes" représentent déjà la phase de guérison après un conflit actif terminé. On avait tout simplement omis de constater la phase froide ou encore on l'avait interprétée comme maladie. »
(Voir https://learninggnm.com/SBS/extdocs/Madrid_2005-fr.pdf [document disponible sur le site www.learninggnm.com])

Nous pouvons voir là-dedans un enrichissement de ce que le Docteur Daniel Ballesteros nomme la « dystonie neurovégétative » ou *DNV* (voir son ouvrage *Se soigner, c'est s'écouter*, éditions Robert Laffont, 2014). En effet, il la définit comme un ensemble de « troubles émotionnels et psychiques, des signes psychosensoriels ou généraux, des signes fonctionnels d'organes et des troubles myofasciaux» (p.180) qui peuvent se succéder ou s'additionner. Ainsi, les troubles qui constituent la DNV (longuement décrits par le Dr D.Ballesteros dans son ouvrage) représenteraient diverses facettes d'un seul processus plus large : le programme biologique exceptionnel. Ils peuvent aussi, parfois, le précéder.

28

« La nature n'est pas sotte. Ce n'est pas sans raison qu'elle se permet une entorse aussi monumentale au sacro-saint principe de la stabilité thermique, protégée habituellement par des dispositifs très sûrs d'autorégulation. » Dr J.Elmiger, *La médecine retrouvée*, pp.262-263

29

Dr R.Guinée : « ... l'hépatite et la cirrhose sont des phases Pcl (postconflictolytiques) d'un cancer du foie, l'athérosclérose, une tentative biologique de réparation par multiplication cellulaire, colmatage et sténose cicatricielles de fissurations vasculaires autrement plus graves. » *op.cit.*, pp.77-78

30

Antoine Béchamp, contemporain de Pasteur, était médecin, chimiste, pharmacien et a été professeur de chimie médicale et de pharmacie, et de chimie organique et biologique (rappelons que Pasteur était chimiste et physicien de formation). Voir notamment son important ouvrage *Les microzymas dans leurs rapports avec l'hétérogénie, l'histogénie, la physiologie et la pathologie* (1883), disponible en accès libre sur www.gallica.bnf.fr
Voir également les ouvrages (en anglais) *Béchamp or Pasteur ? A Lost Chapter in the History of Biology* (Ethel Douglas Hume, 1923) et *Pasteur : Plagiarist, Impostor – The Germ Theory Exploded* (R.B.Pearson, 1942), tous deux réunis en un seul ouvrage en 2006 (éditeur A Distant Mirror).

Voir également l'ouvrage du Docteur Eric Ancelet, *Pour en finir avec Pasteur* (1998, éditions Marco Pietteur, 2010 [4ème édition augmentée])

31

Voir les ouvrages de Ethel Douglas Hume, R.B.Pearson, et Eric Ancelet cités en note 30

32

Dans son ouvrage précité, le Dr R.Guinée rapporte les écrits du Dr Hamer (non traduits en français à ma connaissance) : « les microbes agissant sur les tissus dérivés de l'endoderme et du mésoderme ancien se multiplient déjà de manière asymptomatique durant la phase active du conflit. Cette multiplication n'a lieu que si ces microbes sont présents (...) et ce au prorata du nombre de cellules néoformées durant la phase active. Du fait de leur multiplication durant cette phase, ils pourront intervenir rapidement, sur l'ordre du cerveau, dès le début de la conflictolyse (dans la nature il est important de guérir le plus vite possible !), ne s'attaquant qu'aux seules cellules cancéreuses dont les modifications génétiques se traduisent notamment par des modifications structurelles qui les rendent identifiables par ces microorganismes. » (p.89)

Quelques lignes plus loin, il précise :

« ... le cerveau apparaît comme "la centrale de commande" en relation non seulement avec les cellules du corps, mais aussi avec les microbes que celui-ci abrite. Le Docteur HAMER précise à ce sujet que ceci ne vaut que pour les microbes dont notre cerveau a acquis "les codes biologiques de comportement" durant les millions d'années où nos organismes les ont annexés. Ceci ne vaut donc pas pour les microbes exotiques dont notre cerveau ne possède pas les codes de comportement. Ces derniers peuvent donc s'avérer dangereux pour nous, contrairement aux populations qui ont eu contact régulièrement avec eux depuis des temps très anciens, mais pour lesquels les microbes de nos contrées peuvent aussi s'avérer très dangereux. » (pp.89-90)

33

Dans son ouvrage *Pour en finir avec Pasteur*, le Dr E.Ancelet écrit :

« Si les "microbes" échangent librement leur matériel génétique sans dépendre de la sexualité très complexe qui caractérise les êtres supérieurs, il ne peut donc exister d'espèces au sens strict dans le monde bactérien, ce qui rend caduque le premier dogme de Pasteur : le monomorphisme, et éclaire très bien le polymorphisme de Béchamp. Si un éléphant ne peut effectivement se transformer en girafe, dans le monde microbien tout est possible et tous les procaryotes "libres" forment une entité unique délocalisée, une immense confédération mondiale en coévolution depuis des éons, dont chaque membre a accès à un capital génétique commun réparti sur toute la surface du globe, à l'intérieur comme à l'extérieur de tous les êtres complexes. « Les bactéries ont inventé le génie génétique et la transgenèse depuis des milliards d'années ! » (p.152)

34

Au niveau des plaques de Peyer, macrophages et lymphocytes « sont en place pour accueillir, mémoriser et bien sûr contrôler les "nettoyeurs" et agents de reprogrammation que sont les bactéries et virus "pathogènes". Au niveau des plaques de

Peyer, et sous l'action des lymphocytes, la muqueuse intestinale devient perméable par différenciation de l'épithélium en "cellules M" dont la fonction est qualifiée de "mystérieuse" par les immunologistes. Pourquoi "mystérieuse" ? Tout simplement parce que leur mode d'action ne colle pas avec le dogme en vigueur : les cellules M transportent les antigènes étrangers de la lumière intestinale vers l'intérieur de l'organisme ! » *ibid.*, p.175

35

Toujours dans le même ouvrage du Dr E.Ancelet : « Au niveau des plaques de Peyer ce sont les macrophages qui entrent les premiers en action. Leur rôle est d'effectuer un premier tri dans la foule qui se presse aux portes du milieu intérieur. Leur mode d'action est l'endocytose ou la phagocytose, c'est-à-dire l'ingestion et la digestion de tous les déchets et impuretés mais aussi des microbes porteurs d'acides nucléiques (le message) et de protéines (l'antigène signal, la "carte d'identité" du microbe). Ils transmettent les informations "intéressantes" aux lymphocytes T, par un mécanisme appelé "présentation de l'antigène".

Ainsi nous engrammons ou rejetons quotidiennement une foule de données, mais si l'état du milieu intérieur nécessite un intense travail microbien, celui-ci va s'accompagner d'un ensemble de symptômes que nous appelons "infection aiguë". Les macrophages émettent alors l'interleukine 1, cytokine qui va agir sur les centres thermorégulateurs de l'hypothalamus, déclencher la fièvre et l'inflammation dans le but de soutenir le travail de surveillance accompli par les lymphocytes, c'est-à-dire la conduite d'une infection consentie car nécessaire. » (p.175)

36

Le Dr J.Elmiger, dans son ouvrage précité, déclare :
« ... qu'il soit dit ici une fois pour toutes qu'aucune médecine n'obtient de résultats durables si l'alimentation du malade n'est pas saine. Cette exigence première, formulée avec éclat par Hippocrate, a été reléguée au fil des siècles dans l'obscurité la plus noire. La diététique actuellement enseignée dans nos Facultés n'est qu'une pâle caricature de la science royale qui devrait, comme la santé, occuper les premières chaires de nos universités. Ce n'est pas en comptant les calories ou

les joules, ni en inventoriant les protéines et les hydrates de carbone, que les étudiants apprendront à redonner à leurs futurs malades les bases solides sur lesquelles la vie pourra parfaire son jaillissement. Car il ne faut pas oublier que la vie naît de la vie et que les aliments de notre corps physique, pour misérable que soit ce destinataire, doivent eux aussi agréer à l'autorité directrice du continuum spatio-temporel supérieur qui préside à notre destinée. Les vibrations des constituants moléculaires nutritifs doivent être parfaitement synchrones avec celles de nos constituants cellulaires, pour s'insérer harmonieusement dans le grand œuvre d'espace-temps qui définit notre vie. » (p.185)

Plus loin, il ajoute : « Notre corps est fait de ce que nous mangeons. Pendant des millénaires, l'homme s'est contenté des produits offerts par la nature. Notre organisme s'est habitué à certains rythmes, à certains fournisseurs ; il s'est construit patiemment avec les matériaux qui vivent avec lui depuis la nuit des temps. Pourquoi changer cette belle ordonnance ? Pourquoi manger des fraises en hiver, alors que la sagesse nous propose les pommes de terre et les lentilles ? Pourquoi importer à grands frais des nourritures exotiques alors que chaque saison nous offre sa diversité ? « En se jouant des lois naturelles grâce aux facilités modernes, nous avons petit à petit "dénaturé" nos aliments. Ils sont maintenant le plus souvent inertes. Or la vie engendre la vie, ne l'oubliez jamais ! Si l'aliment n'est pas vivant, la santé n'est plus garantie. » (p.260)

ÉPILOGUE

La Vie constitue un seul mouvement, indivis, total et complet.

Ainsi, santé et spiritualité ne peuvent être séparées et considérées à part l'une de l'autre, mais elles s'interpénètrent pour s'intégrer totalement dans ce même mouvement. Elles en constituent au fond deux aspects.

La spiritualité signifie : *voir* – véritablement, totalement – ce qui doit être rectifié en nous-même (pour ainsi dire, ce qui est source de conflit).

Le voir *à cet instant*, et non attendre que la Vie nous assène une situation ou un événement pour nous y inciter, ou encore attendre que le conflit se cristallise dans le corps physique.

Spiritualité... Médecine...

L'art de vivre sans conflit... L'art de garantir l'état de santé...

Nous portons en nous-même les causes de nos affections et de nos maladies. Face à une situation ou un événement donné, ce sont *nos ressentis* qui déterminent la maladie. Maladie qui apparaît fortuite à celui qui ne voit pas que ses ressentis sont eux-mêmes largement conditionnés par ses images mentales – croyances, opinions, usurpateur... – et qui cherchera ainsi à l'extérieur ce qui le rend malade.

Mais si nous portons en nous-même les causes de nos affections et de nos maladies, là également se trouvent les forces de la guérison.

Lorsque les images mentales sont dissipées, dans un état d'équanimité, l'on voit *ce qui est*. Simplement. Sans la pensée pour le qualifier. Il ne se trouve dès lors aucune dualité, par là même aucun conflit dans l'individu qui peut alors élever sa vibration à des niveaux supérieurs (le terme « supérieur » n'exprime pas ici un jugement de valeur, mais doit s'entendre comme « plus inclusif » ; autrement dit « plus proche de la qualité essentielle de la Vie », qui *est* inclusion totale).

En définitive, on peut voir la spiritualité et la médecine comme l'établissement des conditions intérieures *et* extérieures qui sont les plus favorables à l'expression sans entraves, à l'expression optimale, de la Vie en nous.

Alors Elle peut jaillir avec une qualité vibratoire exubérante, et avec Elle la Guérison...

∞

BIBLIOGRAPHIE SOMMAIRE
(partie II)

· Eric Ancelet, *Pour en finir avec Pasteur*, 1998, éditions Marco Pietteur, 2010
· Daniel Ballesteros, *Se soigner, c'est s'écouter*, éditions Robert Laffont, 2014
· Antoine Béchamp, *Les microzymas dans leurs rapports avec l'hétérogénie, l'histogénie, la physiologie et la pathologie*,1883
· Rosine Chandebois, *Pour en finir avec le darwinisme*, 1993, éditions L'Harmattan, 2011
· Jean Elmiger, *La médecine retrouvée*, édition à compte d'auteur, 1989
· Robert Guinée, *Et si les maladies étaient des mémoires de l'évolution ?*, éditions Néosanté, 2015
· Ryke Geerd Hamer, *Fondement d'une médecine nouvelle*, édité par l'ASAC, 1988
· Ethel Douglas Hume, *Béchamp or Pasteur ? A Lost Chapter in the History of Biology*, 1923, éditeur A Distant Mirror, 2006
· Carl Gustav Jung, *Synchronicité et Paracelsica*, 1952, éditions Albin Michel, 1988

- Bruce H. Lipton, *Biologie des croyances*, 2005, éditions Ariane, 2016
- Bruce H. Lipton (co-écrit avec Steve Bhaerman), *Évolution spontanée*, éditions J'ai lu, 2016
- R.B.Pearson, *Pasteur : Plagiarist, Impostor – The Germ Theory Exploded*, 1942, éditeur A Distant Mirror, 2006
- Olivier Soulier, *Histoires de vies, messages du corps*, éditions Sens & Symboles, 2015
- Pierre-Jean Thomas-Lamotte, *... Et si la maladie n'était pas un hasard...*, éditions Le Jardin des Livres, 2008

TABLE DES MATIÈRES

— p.7 —

Avant-propos

— p.13 —

Texte

— p.17 —

Introduction

— p.25 —

Partie I
Éliminer le conflit

— p.55 —

Partie II
La « maladie » ou la négation de l'Intelligence

— p.103 —

Notes

— p.141 —

Épilogue

— p.145 —

Bibliographie sommaire (partie II)